Le Royaume révélé aux « petits »

Du même auteur

Sagesse d'un pauvre, Éditions Franciscaines, 1959, réédition Desclée de Brouwer, 1991.
Exil et Tendresse, Éditions Franciscaines, 1962.
Le Cantique des créatures ou les Symboles de l'union, Desclée de Brouwer, 1970.
Le Chant des sources, Éditions Franciscaines, 1976.
Le Peuple de Dieu dans la nuit, Éditions Franciscaines, 1976, réédition Desclée de Brouwer, 2003.
François d'Assise. Le retour à l'Évangile, Desclée de Brouwer, 1981, réédition 1998.
Matthias Grünewald. La nuit est ma lumière, Desclée de Brouwer, 1981, réédition 1994.
Le Royaume caché, Desclée de Brouwer, 1987.
Dieu plus grand, Desclée de Brouwer, 1990.
Rencontre d'immensités, Desclée de Brouwer, 1993.
Un maître à prier : François d'Assise, Éditions Franciscaines, 1993.
Chemin de contemplation, Desclée de Brouwer, 1995.
Le Maître du désir. Une lecture de l'évangile de Jean, Desclée de Brouwer, 1997.
Le Soleil se lève sur Assise, Desclée de Brouwer, 1999.
Jeanne Jugan, le Désert et la Rose, Desclée de Brouwer, 2000.
Chagall, un vitrail pour la paix, éditions Fleurus-Mame, 2001.
Pâques en Galilée ou la rencontre du Christ pascal, Desclée de Brouwer, 2003.
Le Père immense. Une lecture de la lettre aux Éphésiens, Desclée de Brouwer, 2006.

Éloi Leclerc

Le Royaume révélé aux « petits »

Desclée de Brouwer

Avec la permission des Supérieurs

47, rue de Charenton – 75012 Paris

ISBN : 978-2-220-06076-7

Ni la violence des puissants,
ni la science des prudents
ne forcent le Royaume ;
mais la faiblesse des petits
et la patience des humbles
pénètrent les secrets de Dieu.

(Hymne liturgique CFC-CNPL)

Préface

Le Royaume de Dieu dont Jésus proclame la venue est un Royaume caché aux yeux du monde : il le sera jusqu'à la fin des temps, bien qu'il soit déjà présent parmi nous. Il n'est pas et il ne sera jamais une grandeur de ce monde.

« Le Royaume, dit Jésus, n'est révélé qu'aux tout-petits » (Lc 10,21). Qui sont ces tout-petits ? En quoi consiste cette révélation ? Quels sont ces « secrets du Royaume » ? L'ouvrage présent voudrait répondre à ces questions. La réponse ne peut venir que de Jésus lui-même. Nous l'écouterons, en le laissant ouvrir notre cœur à sa Parole.

Dès les débuts de sa prédication, Jésus fait de la venue du Règne de Dieu le thème essentiel de la Bonne Nouvelle. Il se présente lui-même comme celui que le Père envoie pour réaliser en plénitude le Royaume : « Le temps est accompli : le Royaume est là... » (Mc 1,15).

« Les secrets du Royaume » se trouvent dès lors étroitement liés à la personne de Jésus. On ne peut les connaître qu'en s'ouvrant au mystère de sa personne. L'intelligence ici ne suffit pas. On n'entre dans l'intimité d'une personne qu'à la faveur d'une relation de respect, de sympathie et de confiance. Et quand il s'agit du Seigneur, il faut se faire tout-petit devant lui.

L'exemple des Apôtres est très éclairant. Malgré leur attachement à leur Maître et leur écoute de sa parole, ils ne sont pas entrés d'emblée dans les « secrets du Royaume ». Que de fois Jésus dut-il leur dire : « Si vous ne devenez pas comme des tout-petits, vous n'entrerez pas dans le Royaume des Cieux ! » Enfermés dans une conception toute mondaine du Royaume dont ils espéraient occuper les meilleures places, ils ne se sont ouverts aux « secrets du Royaume » qu'au prix d'une conversion radicale et déchirante qui fut, à vrai dire, une purification de leur foi en Jésus.

Il fallut le choc de la passion et de la mort de leur Maître pour les ébranler dans leurs certitudes et ruiner leur espérance trop humaine. Puis ce fut, dans cet effondrement et cette nuit, l'éblouissement de la lumière de Pâques. Alors seulement les yeux de leur cœur s'ouvrirent. La passion et la mort de Jésus leur apparurent non plus comme un échec ou un malheur, mais comme un grand mystère d'amour : il s'est livré lui-même pour nous par amour. Et quel amour ! Un amour qui, en se donnant totalement, se révélait plus fort que toutes les forces de nuit, plus fort que la mort elle-même. Ébranlés, retournés par la profondeur et la puissance de cet amour créateur d'une humanité nouvelle, les Apôtres ont alors découvert le Règne de Dieu dans l'éclat de cet amour souverain. Ce Règne s'offrait à eux, gratuitement. Il ne consistait pas dans une domination quelconque, mais en une communion à cet Amour divin qui les recréait intérieurement et faisait d'eux des hommes nouveaux.

Le chemin parcouru par les Apôtres dans leur quête du Royaume est pour nous un chemin exemplaire. C'est le chemin des « petits » du Royaume. Nul ne peut prétendre découvrir les « secrets du Royaume » sans passer par l'expérience pascale et sans se laisser transfigurer, recréer par l'Esprit qui a ressuscité Jésus. C'est ce chemin que nous allons suivre et explorer dans cet ouvrage.

1

Le Royaume de Dieu dans l'histoire d'Israël

En faisant de la venue du Royaume de Dieu le thème central de sa prédication, Jésus s'insère dans la grande tradition biblique, celle des prophètes. Il reprend à son compte tout le dynamisme de l'attente séculaire du peuple de Dieu. Il importe donc de bien voir ce que représentait pour Israël cette venue du Royaume et d'en prendre la mesure au moment où Jésus commence son ministère.

À l'origine, Israël n'avait d'autre roi que Dieu lui-même. Yahvé était son unique Seigneur. Cette royauté divine était le privilège de son peuple : Dieu l'avait choisi entre tous les peuples pour être son peuple. Israël était la part qu'il s'était réservée. Le Règne de Dieu consistait donc avant tout dans cette souveraineté que Dieu exerçait sur son peuple et qui s'exprimait dans la

Loi qu'il lui avait donnée. En observant cette Loi sainte, Israël témoignait, à la face des nations, de la Royauté du Dieu unique et de sa souveraineté universelle.

Car si la souveraineté de Yahvé s'exerçait ouvertement sur son peuple, elle s'étendait aussi sur tous les peuples, bien qu'elle ne fût pas reconnue par les nations païennes qui se confiaient dans leurs idoles. Par sa puissance créatrice comme par sa volonté de salut universel, le Dieu d'Israël était l'unique Seigneur et l'unique sauveur. Tout était dans sa main. Il régnait sur l'univers.

Mais il arrivait que même à l'intérieur de son peuple, la Royauté de Dieu fût oubliée et rejetée dans l'ombre. Dieu suscitait alors des prophètes dont la mission était précisément de rappeler à son peuple sa souveraineté absolue et son dessein d'alliance.

Dieu, en effet, en créant l'homme à son image, l'avait destiné à vivre dans son amitié. Mais les hommes avaient préféré user de leur liberté pour tracer eux-mêmes leur propre chemin et ils s'étaient égarés sur des chemins de mort. Dieu, cependant, n'avait pas renoncé à son dessein d'amour. Il avait alors choisi Israël ; il l'avait mis à part et s'était lié à lui par une alliance sainte et par la promesse d'un Messie-Sauveur. Les prophètes annonçaient ce Messie qui serait la gloire d'Israël et réaliserait pleinement le Royaume de Dieu, en l'ouvrant à toutes les nations.

Message exaltant que celui des Prophètes. Mais mission combien difficile ! D'autant plus difficile que très vite Israël voulut avoir, lui aussi, un roi comme tous les autres peuples : un roi visible, avec un pouvoir temporel. Dieu, par la bouche de son Prophète Samuel, lui fit savoir les servitudes et les dangers d'une telle royauté. Cependant, devant l'entêtement d'Israël, il accéda finalement à son désir. « Ils ne veulent plus que je règne sur eux », dit Yahvé à Samuel (1 S 8,7). Et il leur donna un roi en la personne de Saül.

À partir de ce moment, l'espérance messianique du peuple de Dieu prit une dimension politique. Le Royaume de Dieu fut lié dans les esprits à la souveraineté nationale d'Israël. Le roi fut considéré comme le Messie de Dieu : « Ô Dieu, donne au roi tes pouvoirs, à ce fils de roi, ta justice » (Ps 72 (71),1). « Qu'il domine de la mer à la mer, du fleuve jusqu'au bout de la terre… » (Ps 72 (71),8).

On voit apparaître ici toute l'ambiguïté du messianisme biblique, à la fois spirituel et temporel, transcendant et politique. Sous le couvert de la souveraineté du Royaume de Dieu joue désormais une volonté politique de souveraineté nationale. La même volonté de puissance qui a poussé les autres peuples à construire leur royaume respectif et à l'étendre le plus possible, s'affirme maintenant à l'intérieur du messianisme d'Israël. « Seigneur, accorde à ton peuple la puissance », dira le psalmiste (Ps 29 (28),11).

On constate en fait que les rois d'Israël se sont comportés bien souvent comme ceux des autres peuples. Non seulement ils se donnent une cour, recherchent les honneurs, la richesse et la gloire, mais – chose plus grave – ils entrent dans le jeu des alliances humaines et en viennent à oublier l'Alliance divine. Ils participent aux intrigues politiques et aux coalitions que forment les petits États situés entre la Mésopotamie et l'Égypte. Et, par là même, Israël s'ouvre aussi aux mœurs et aux cultes païens.

Après le règne de Salomon, le royaume se divise. Il y a désormais deux royaumes : le royaume du Sud, avec pour capitale Jérusalem ; ses rois sont tous descendants de David. Et le royaume du Nord, avec pour capitale Samarie ; ses rois ne descendent pas de David. « Ils ont créé des rois sans moi », se plaint Dieu à son prophète

Osée (Os 8,4). Mais, aussi bien dans le royaume du Nord que dans celui du Sud, les rois s'éloignent de l'Alliance et se fabriquent des idoles.

Les Prophètes s'élèvent alors, avec la force de l'Esprit de Yahvé, contre les dirigeants de la nation, dénonçant les alliances humaines, comme autant d'infidélités à Yahvé et à son Alliance. Leurs prédications et leurs oracles visent à réveiller en Israël une espérance messianique purifiée et à rappeler qu'aux sources d'Israël, il y a le Seigneur et que c'est Lui, et Lui seul, qui donne à son peuple force et puissance.

Du coup, les Prophètes se voient rejetés et persécutés par le pouvoir en place. Dans leur solitude et leur détresse, ils s'en remettent totalement à Dieu : ils n'ont d'autre appui que sa Parole. Ainsi Jérémie au VIIe siècle. En se confiant à Dieu au milieu de ses souffrances et de ses humiliations, Jérémie devient la figure des « *Pauvres de Yahvé* », de ceux qui attendent de Dieu seul la manifestation de son Règne et n'ont d'autre recours que lui dans leur détresse. Les Psalmistes s'en inspireront : de nombreux psaumes sont, en effet, l'expression d'un messianisme renouvelé, celui des « *Pauvres de Yahvé* ».

Déjà le prophète Sophonie n'avait pas hésité à présenter la pauvreté, vécue dans l'humilité et la confiance en Yahvé, comme un idéal religieux. Le vrai peuple messianique, selon lui, serait formé par « un reste de petites gens, humbles et pauvres, dont Dieu serait l'unique richesse et le seul refuge » (So 3,12). Et Sophonie annonce le « Jour » où le Seigneur révélera aux humbles et aux pauvres la joie et la gloire de son Royaume :

> « Ce Jour-là [...] je ne laisserai subsister en ton sein
> qu'un peuple humble et modeste,
> et c'est dans le nom de Yahvé
> que le reste d'Israël cherchera refuge » (So 3,11-12).

> « Yahvé, ton Dieu, est au milieu de toi,
> Héros sauveur !
> Il exultera pour toi de joie.
> Il te renouvellera par son amour ;
> il dansera pour toi avec des cris de joie,
> comme aux jours de fête » (So 3,17).

La longue épreuve de la déportation et de l'exil à Babylone fut pour le peuple de Dieu un temps de purification de sa foi. Il découvre alors dans une expérience déchirante, la transcendance du Règne de Dieu par rapport à nos vues humaines :

« La couronne est tombée de notre tête ;
Mais toi, Yahvé, tu demeures à jamais.
Ton Règne subsiste d'âge en âge » (Lm 5,16 ; 5,19).

Il ne reste plus rien de la souveraineté nationale d'Israël. Tous les signes de sa puissance sont anéantis. Jérusalem est en ruine, le temple aussi ; la royauté n'existe plus. Reste cette seule réalité transcendante : Dieu règne. Et ce Dieu dont nul ne peut ravir la gloire se révèle aux exilés tout proche du cœur brisé, humilié. Expérience unique et combien féconde !

Aussi après l'épreuve de l'exil, avec le retour des exilés, voit-on naître en Israël, dans l'ombre du messianisme officiel et politique, un messianisme dépouillé de toute ambition et de toute volonté de puissance, celui des « *Pauvres de Yahvé* ». Ces derniers, très souvent opprimés par les puissants, n'ont d'autre recours ni d'autre espérance que Dieu lui-même. Ils attendent le Règne de Dieu, non pas comme une ère de gloire politique et nationale, mais bien plutôt comme une manifestation de justice, de paix et de bonté, en faveur des plus humbles et des plus démunis.

Certains psaumes se font l'écho de ce messianisme des « *Pauvres de Yahvé* ». Ainsi le psaume 72 (71) :

« Dieu donne au roi tes pouvoirs,
à ce fils de roi ta justice.
Qu'il gouverne ton peuple avec justice ;
qu'il fasse droit aux malheureux ! »
(Ps 72 (71),1-2).

« Il délivrera le pauvre qui appelle
et le malheureux sans recours.
Il aura souci du faible et du pauvre,
du pauvre dont il sauve la vie… »
(Ps 72 (71),12-13).

Un royaume de justice et de paix, tel est le Royaume de Dieu attendu par les « *Pauvres de Yahvé* ». Il ne sera pas une œuvre humaine, mais l'œuvre de l'Esprit de Yahvé. Cette espérance messianique s'exprime parfois dans une confiance suprême qui suppose un profond dépouillement :

« Yahvé, mon cœur a perdu tous ses orgueils.
Mon regard ne vise pas l'impossible,
je ne rêve pas de grandeurs qui me dépassent.
Mon âme se tient tranquille et sereine,
comme un petit enfant contre sa mère »
(Ps 131 (130),1-2).

Ce messianisme purifié trouvera son expression la plus haute dans les *Chants du Serviteur* (Is 42,49, 50,52,53). Le « Serviteur » apparaît comme la figure messianique idéale. C'est lui, en effet, qui annonce et réalise le salut non seulement d'Israël, mais de tous les peuples. Cet universalisme n'est plus intéressé, centré sur Israël ; il est à la mesure de Dieu : sans limites, sans frontières. Le « Serviteur » porte le péché de tous ; il est combattu, persécuté, humilié, enfin mis à mort. Mais cet effacement humain total n'est pas un terme. Au contraire, il ouvre un avenir de lumière et de gloire, où se révèle, dans sa force de salut, le Règne de Dieu : le « Serviteur » nous guérit par ses blessures, nous vivifie par sa mort, nous glorifie par ses abaissements.

Ainsi, tandis que les responsables de la nation se laissaient bien souvent éblouir par un messianisme temporel, expression de leur volonté de puissance, le cœur des « *Pauvres de Yahvé* » s'ouvrait, dans l'humilité et la confiance, à une espérance qui ne se fondait sur rien d'humain, mais sur la puissance de Dieu lui-même.

Des *Oracles* du prophète Sophonie au *Cantique* de Zacharie, le père de Jean-Baptiste, et au *Magnificat* de la Vierge Marie, la mère de Jésus, on retrouve la même inspiration, le même souffle d'espérance, celui des

« *Pauvres de Yahvé* ». Or c'est dans ce terreau biblique que Jésus de Nazareth s'enracine et grandit. Il importe de le replacer, lui et son message, dans cette lignée historique et spirituelle. Par ses humbles origines, par sa vie pauvre, dépouillée de tout pouvoir temporel, de toute ambition politique comme de toute recherche d'honneurs et de richesse, par sa proximité des petites gens, des malades et des malheureux de toute sorte, par son message tel qu'il s'exprime dans les Béatitudes évangéliques et la proclamation du Royaume, enfin par ses humiliations, son rejet et sa « secrète » résurrection, Jésus réalise pleinement le type biblique du « *Pauvre de Yahvé* ».

Non seulement il fait écho aux grandes voix des Prophètes et à celles plus obscures des « *Pauvres de Yahvé* », mais il se présente lui-même comme leur accomplissement. Il apparaît, en effet, comme le Messie des petits et des humbles, de tous ceux qui, dans leur détresse, n'ont d'autre recours, d'autre refuge que Dieu. Avec l'audace de celui qui se sait consacré et habité par l'Esprit, il leur révèle les splendeurs d'un Royaume dont il a les secrets. Philippe qui l'a rencontré n'hésite pas à dire à Nathanaël : « Celui dont Moïse a écrit dans la Loi, ainsi que les Prophètes, nous l'avons trouvé : c'est Jésus, le fils de Joseph, de Nazareth » (Jn 1,45).

C'est dans cette lumière que le message de Jésus prend sa vraie dimension et se révèle dans sa profondeur spirituelle et humaine. Par là, en effet, nous sommes introduits dans le grand débat, toujours actuel, que Jésus inaugure dans l'histoire et qui nous concerne tous. Toute existence humaine se trouve un jour placée devant un choix fondamental : d'un côté, un messianisme qui lie la venue du Royaume de Dieu à une souveraineté humaine et l'enferme dans un horizon terrestre ; de l'autre, le messianisme de ceux et celles qui, reconnaissant leur impuissance à se sauver et à s'accomplir par eux-mêmes, s'ouvrent, dans l'humilité et la confiance, à la pure grandeur du Règne de Dieu, celle d'une communion d'amour sans fin, avec Dieu et avec tous nos frères.

Entre ces deux messianismes, l'opposition est radicale. Aucune conciliation n'est possible. Entre les deux, il y a la Croix. Quels que soient, en effet, notre âge, notre situation et notre expérience spirituelle, l'ouverture au Royaume de Dieu, révélé en Jésus Christ, ne peut faire l'économie de la Croix. Et la Croix, c'est toujours l'échec : l'échec de l'homme, même dans ses combats les plus justes, l'échec de toute tentative humaine à réaliser le Royaume de Dieu sur cette terre, comme le lieu où l'homme s'accomplit pleinement lui-même.

Croire à un « Messie crucifié », c'est consentir à cet échec qui met à mal toutes nos tentatives d'autoréalisation et d'autojustification, et s'en remettre à la Toute-Puissance aimante de Dieu, comme le Christ s'en est remis au Père, dans les ténèbres de son agonie sur la Croix.

Heureux celui ou celle qui, du fond de son impuissance à réaliser le Bien, peut dire en toute vérité : « Dieu seul est tout Bien et la source de tout Bien. Lui seul règne par la souveraineté de son amour. » Cet acte d'adoration nous ouvre à la pure grandeur du Royaume de Dieu. Ce Royaume n'est pas une domination mais une communion à un amour souverain qui s'offre à nous gratuitement. Oui, heureux l'homme qui reçoit son accomplissement de la main de son Dieu ! « Des chemins s'ouvrent dans son cœur. »

Ainsi le Christ de nos abîmes devient celui de nos résurrections. En nous ouvrant à la pure grandeur de son Royaume, il nous arrache à tous nos enfermements. Il libère en nous l'image de Dieu, cette capacité d'aimer que le Créateur a mise en nous, mais qui s'est refermée sur elle-même. Le décentrement que réalise la Croix du Christ dans nos vies, loin d'être aliénant, est fondateur :

il nous rend à notre être véritable, en nous ouvrant à l'amour sans frontières du Père, à son souffle créateur et rédempteur.

2

Jésus ou l'« Aujourd'hui » du Royaume

Le Baptême de Jésus

Vers l'âge de trente ans, Jésus quitta son village de Nazareth. Il y avait grandi au sein d'une famille modeste d'artisan. Il était connu comme le fils du charpentier Joseph qui l'initia lui-même au travail du bois. Les trente premières années de sa vie s'écoulèrent ainsi dans le silence et l'effacement d'une bourgade obscure de Galilée.

À cette époque, on parlait beaucoup en Israël d'un certain Jean le Baptiste. Il baptisait, en effet, sur les bords du Jourdain, en Judée. Il annonçait la venue prochaine du Royaume de Dieu. Les foules accouraient de partout vers lui. Et il les exhortait à se préparer à cet événement solennel et redoutable par un baptême de conversion et de purification. Il proclamait : « Il vient derrière moi celui qui est plus fort que moi, dont je ne suis pas digne, en me courbant, de délier la courroie de ses sandales. Moi, je vous ai baptisés avec de l'eau, mais lui vous baptisera avec l'Esprit Saint » (Mc 1,7-8).

Jésus voulut, lui aussi, se rendre auprès de Jean pour se faire baptiser par lui : « En ces jours-là, écrit Marc, Jésus vint de Nazareth en Galilée et se fit baptiser par Jean dans le Jourdain. » Les quatre évangiles, ainsi que les *Actes des Apôtres*, sont unanimes pour faire débuter la mission de Jésus à partir du jour de son baptême. Que s'est-il donc passé ce jour-là dans la vie de Jésus ?

Rien jusque-là ne semblait destiner le fils du charpentier de Nazareth à une mission prophétique qui allait le jeter sur les routes de Galilée et de Judée et le conduire finalement à la mort sur une croix. Que s'est-il donc passé ?

Une chose retient notre attention : Jésus vient vers Jean comme le dernier des pécheurs. Il met ses pas dans les leurs ; il s'insère dans la foule anonyme qui attend le baptême de purification, en vue du Jour du Seigneur. Par cette humble démarche, Jésus se range parmi les « *Pauvres de Yahvé* ». Jean, éclairé par l'Esprit, le reconnaît mais ne comprend pas, et il s'exclame : « C'est moi qui ai besoin d'être baptisé par toi, et toi, tu viens à moi ! » (Mt 3,14). « Laisse faire pour l'instant, lui dit

Jésus, il convient d'accomplir ainsi toute justice » (Mt 3,15). Et Jésus se fait baptiser par Jean, au milieu de tous ces pécheurs repentants. Il est bien difficile de dire ce que Jésus a vécu intérieurement au moment de son baptême. Une chose est sûre : ce fut, dans sa vie, un événement décisif.

C'est au moment où Jésus venait d'être baptisé par Jean qu'il se passa quelque chose d'insolite. Cet événement, les évangiles l'ont rapporté et décrit en termes imagés et symboliques en s'inspirant du récit biblique de la vocation d'un prophète ou de la consécration messianique (cf. Is 61,1-4).

Ainsi Marc écrit : « À l'instant où il remontait de l'eau, il vit les cieux se déchirer et l'Esprit, comme une colombe, descendre sur lui. Et des cieux vint une voix : Tu es mon Fils bien-aimé, tu as toute ma faveur » (Mc 1,10-11). Luc écrit de son côté : « Il advint, une fois que tout le peuple fut baptisé et au moment où Jésus, baptisé lui aussi, se trouvait en prière, que le ciel s'ouvrit, et l'Esprit Saint descendit sur lui sous une apparence corporelle, comme une colombe. Et une voix partit du ciel : "Tu es mon Fils ; moi, aujourd'hui, je t'ai engendré" » (Lc 3, 21-22).

Sous les symboles, c'est une expérience spirituelle profonde qui est ici évoquée. Jésus vit l'événement de l'intérieur, « au cœur de sa prière », note saint Luc (3,21). Selon les évangiles, Jésus vécut ce jour-là une expérience ineffable et décisive, celle d'une merveilleuse proximité du Père.

Depuis son plus jeune âge, Jésus vivait dans une intimité toute filiale avec Dieu qu'il appelait « mon Père », comme en témoigne la réponse qu'il fit, à l'âge de douze ans, à ses parents, quand ceux-ci, après trois jours de recherche angoissée, le retrouvèrent dans le Temple au milieu des docteurs de la Loi : « Pourquoi donc me cherchiez-vous ? leur dit-il. Ne saviez-vous pas que je dois être dans la maison de mon Père ? » (Lc 2,49). Or voici que le jour de son baptême, la voix de son Père se fait entendre ; elle vient le conforter et le consacrer dans cette intimité filiale, en même temps qu'elle l'ouvre à sa mission : « Tu es mon Fils bien-aimé, tu as toute ma faveur » (Mc 1,11). Quand Dieu parle, il appelle. Quand il appelle, il choisit. À celui qu'il choisit, il révèle son mystère d'amour et il le destine à en être le témoin.

En cet instant, en effet, dans cette merveilleuse proximité du Père, Jésus vit l'« Aujourd'hui » du

Royaume de Dieu. Ce Royaume que tous attendent et dont Jean proclame l'imminence, il est là : il se révèle dans cette ineffable proximité du Père en son élu. En Jésus, Dieu s'est approché de son peuple d'une manière unique. Et sa mission, à lui, le Fils bien-aimé, sera précisément d'annoncer à ses frères les hommes la Bonne Nouvelle : « Le temps est accompli, le Royaume de Dieu est là », il s'offre à vous. À vous de l'accueillir. Ainsi l'Évangile du Royaume prend son envol à partir de l'impérieux besoin que Jésus éprouve de communiquer aux hommes la Bonne Nouvelle de l'« Aujourd'hui » du Royaume de Dieu, dans sa merveilleuse proximité.

Un combat s'annonce

Après son baptême, Jésus, poussé par l'Esprit, se retire quelque temps au désert, tout vibrant encore de la Parole du Père qui résonne dans son cœur. C'est alors que surgit le Tentateur, l'Adversaire, l'« Ennemi », comme dira Jésus lui-même dans la parabole de l'ivraie semée dans le champ du père de famille : « L'ennemi a fait cela » (Mt 13,28). C'est à lui que Jésus aura affaire tout au long de sa mission. Il se démasque ici, en cherchant à le détourner de sa vraie mission.

« Si tu es Fils de Dieu, dis que ces pierres deviennent des pains. » « Si tu es Fils de Dieu, jette-toi du haut du Temple. » « Si tu m'adores, je te donnerai tous les royaumes du monde et leur gloire » (Mt 4,1-10). Ces trois tentations sont celles d'un messianisme charnel, temporel et politique. Elles visent à mettre la toute-puissance divine au service de l'homme et de son règne sur cette terre. Jésus les repousse. Non, il ne sera pas le messie du miracle économique ; il ne changera pas les pierres en pains : « L'homme ne vit pas seulement de pain, mais de toute parole qui sort de la bouche de Dieu. » Il ne sera pas non plus le messie qui se sert de la puissance divine pour se faire valoir ou réaliser les projets de l'homme. Enfin, il ne sera pas le messie, roi de ce monde : il ne vient pas pour régner sur la terre. « Retire-toi, Satan ! » (Mt 4,10).

Ce qui est évoqué dans ce récit de la Tentation de Jésus, c'est bien le combat qu'il va devoir mener contre ce messianisme charnel et politique qui empoisonne l'attente du Royaume de Dieu, chez de nombreux juifs de son temps. Jésus va se heurter à ce faux messianisme, derrière lequel se cache le « Prince de ce monde ».

Ce n'est pas un hasard si Marc et Luc font débuter l'enseignement de Jésus à Capharnaüm par un acte d'expulsion du démon. À leurs yeux, cet acte n'est pas un simple épisode de la vie de Jésus, entre mille autres. Il nous fait voir, d'entrée de jeu, que l'annonce du Royaume de Dieu sera un combat, un très dur combat.

C'était le jour du sabbat. Jésus enseignait dans la synagogue. « Or il y avait là un homme possédé d'un esprit impur, il vociférait à grands cris : "Que nous veux-tu, Jésus le Nazarénien ? Es-tu venu pour nous perdre ? Je sais qui tu es : le Saint de Dieu." Jésus le menaça en disant : "Silence ! Sors de cet homme !" Le secouant violemment, l'esprit impur cria d'une voix forte et sortit de lui. Et tous furent effrayés et se demandaient entre eux : "Qu'est cela ? Un enseignement nouveau donné avec autorité ! Même aux esprits impurs, il commande et ils lui obéissent" » (Mc 1,23-27 ; Lc 4,33-36).

L'humanité à laquelle Jésus vient annoncer la Bonne Nouvelle de la venue du Royaume n'est pas une terre vierge. Le terrain est déjà occupé, squatté. Le démon en a fait sa demeure. Il y règne et il le fait savoir. Il interpelle Jésus, le messager du Règne de Dieu : « Es-tu venu pour nous perdre. Je sais fort bien qui tu es : le Saint de Dieu ! » Le combat s'engage, il se poursuivra tout au long de la mission de Jésus. Mais déjà cet épisode annonce la victoire finale du Christ : le démon doit lâcher prise et sortir de cet homme. Car la Parole de Jésus a la puissance de l'Amour souverain et libérateur. Et le Règne de Dieu qu'il vient instaurer apportera à l'homme la libération de toutes les forces qui l'enferment en lui-même, dans un horizon de mort. « Si j'expulse les démons par le doigt de Dieu, dira Jésus, le Règne de Dieu est venu parmi vous » (Lc 11,20).

Jésus proclame l'« Aujourd'hui » du Royaume

Après son baptême par Jean dans les eaux du Jourdain et son séjour au désert, Jésus revint en Galilée, « avec la puissance de l'Esprit » (Lc 4,14). Laissant Nazareth, il s'établit à Capharnaüm, au bord du lac de Tibériade. Il se mit alors à prêcher. Il parcourait toute la Galilée, enseignant dans les synagogues. Il se présentait comme le messager de la Bonne Nouvelle du Règne de Dieu. Il reprenait ainsi à son compte l'oracle du prophète Isaïe : « Il est le messager de la Bonne nouvelle ; il annonce le salut, celui qui vient dire à Sion : il règne, ton Dieu » (Is 52,7).

« Il règne, ton Dieu » : Jésus proclame l'accomplissement de cette Bonne Nouvelle. Son message, les évangélistes le résument en ces mots : « Le temps est accompli et le Royaume de Dieu s'est fait tout proche... » (Mc 1,15). À cette époque, dans le monde juif, le thème biblique de la venue du Royaume de Dieu était d'une actualité brûlante. Tous attendaient ce Jour du Seigneur comme une délivrance du joug des Romains et comme un retour à la souveraineté nationale. Jean-Baptiste lui-même avait avivé cette attente en proclamant l'imminence du Jour redoutable du Jugement.

C'est dans ce contexte que Jésus lance sa Parole : « Le temps est accompli : le Royaume de Dieu est là. » Cet accomplissement qui fait écho à toute l'attente prophétique, il le proclame à partir de ce qu'il vit au plus intime de lui-même, dans sa relation à Dieu. C'est là, dans sa communion toute filiale au Père, qu'il voit se lever et s'accomplir le Règne de Dieu. En lui, Dieu s'est uni à l'homme comme jamais : il y règne en plénitude. Le Royaume est dans cette communion ineffable. Par lui, en lui, Dieu vient au monde et se réconcilie avec lui, réalisant ainsi son grand dessein d'amour.

Tout l'être de Jésus est porté par cet amour souverain et sans frontières qui, en lui, s'offre aujourd'hui gracieusement à tous les hommes. À la source de chacune de ses paroles comme de ses actes, il y a la force silencieuse de cet amour créateur d'un monde nouveau. « Partout où il passait, il faisait le bien (Ac 10,38), guérissant toute maladie et toute langueur parmi le peuple » (Mt 4,23b). « Des foules nombreuses se mirent alors à le suivre » (Mt 4,25).

« Voici que je vais faire un monde nouveau : il germe déjà, ne le voyez-vous pas ? » avait dit Yahvé par la bouche de ses Prophètes (Is 43,19). Le monde présent, avec toutes ses divisions, ses violences, ses déchirements et ses larmes, n'était pas celui que Dieu avait voulu à l'origine. Il était le fruit amer d'une dérive humaine. En créant l'homme « à son image et à sa ressemblance », Dieu l'avait destiné à vivre dans son amitié, il l'avait appelé à une communion bienheureuse avec lui et avec tous ses semblables. Son dessein créateur était un grand dessein d'amour. Mais l'homme s'était détourné de ce dessein. Mettant sa confiance en lui-même, il avait préféré suivre sa volonté propre et construire lui-même son royaume. Alors les hommes étaient entrés en lutte les uns contre les autres, chaque tribu, chaque peuple voulant dominer les autres et imposer son empire.

Dieu, lui, n'a jamais renoncé à son grand dessein d'amour : « Les projets de son cœur subsistent d'âge en âge » (Ps 32,11b). Il s'est donc choisi un peuple auquel il n'a cessé de faire connaître sa volonté, son dessein. Il a fait alliance avec lui et suscité en son sein des Prophètes auxquels il a confié la mission de révéler sa volonté de salut et d'annoncer le monde nouveau : un monde réconcilié de paix et de justice, dans lequel le peuple choisi jouerait le rôle de phare pour l'humanité tout entière. Ce monde nouveau serait l'œuvre d'une effusion de son Esprit sur son peuple.

Et voici que Jésus vient, tout rempli et rayonnant de l'Esprit. Lors d'une visite à Nazareth, il proclame ouvertement l'« Aujourd'hui » du Royaume. Par sa parole et sa présence, il inaugure le temps messianique, le monde nouveau. L'évangéliste Luc raconte : « Jésus vint à Nazareth où il avait été élevé, il entra, selon sa coutume, le jour du sabbat, dans la synagogue. Il se leva pour faire la lecture. On lui remit le livre du prophète Isaïe, et le déroulant, il trouva le passage où il est écrit :

> "L'Esprit du Seigneur est sur moi,
> parce qu'il m'a consacré par l'onction
> pour porter la Bonne Nouvelle aux pauvres.
> Il m'a envoyé proclamer aux captifs la délivrance,
> aux aveugles la vision, aux opprimés la liberté,
> et publier une année de grâce au nom du Seigneur."

Jésus replia le livre, le rendit au servant et s'assit. Tous dans la synagogue tenaient les yeux fixés sur lui. Alors il se mit à leur dire : "Aujourd'hui s'accomplit à vos oreilles ce passage de l'Écriture" » (Lc 4,16-21). Aujourd'hui, en Jésus se réalise l'effusion de l'Esprit. Aujourd'hui, par lui commence ce temps de grâce. Aujourd'hui, par sa présence, le Royaume de Dieu s'est fait tout proche.

« En entendant cela, les habitants de Nazareth se regardaient, étonnés : "N'est-ce pas lui, le fils de Joseph ?" » Ils avaient eu connaissance des guérisons que Jésus avait accomplies à Capharnaüm. Ils s'attendaient sans doute à une démonstration de puissance de sa part. Mais non. Rien que cette simple déclaration : « Aujourd'hui, pour vous qui m'entendez, s'accomplit la Parole prophétique, la Promesse messianique » (cf. Lc 4, 16-21).

Un jour les pharisiens demanderont à Jésus : « Quand viendra le Royaume de Dieu, à quel signe pourra-t-on le reconnaître ? » Et il leur répondra : « Le Royaume de Dieu ne vient pas d'une manière visible. On ne dira pas : "Le voici, il est ici" ou bien : "Il est là." Car voici que le Royaume de Dieu est au milieu de vous » (Lc 17,20-21). Le Royaume de Dieu que Jésus proclame ne se donne pas à voir, mais à vivre. Son éclat ne brille pas aux yeux du monde. Ce n'est pas un spectacle, une manifestation de puissance. C'est un mystère d'amour. On ne le reconnaît qu'en ouvrant son cœur, dans la foi, à cet amour qui s'offre à nous en Celui que le Père a envoyé. En Jésus, le Père nous invite à communier à sa vie pour former avec lui la grande famille des enfants de Dieu.

3

L'exigence évangélique de conversion

Nous venons de voir que le Royaume de Dieu qui s'offre à nous en Jésus ne saute pas aux yeux. Il n'est pas une grandeur visible de ce monde. Son messager lui-même vient à nous « sans faste, comme le pauvre en son humilité », dénué de tout avoir comme de tout pouvoir. Il vient comme prédit, mais non dans l'éclat attendu. Il n'a pas choisi le chemin des honneurs et de la puissance. « Jésus-Christ dans une obscurité [...] telle que les historiens n'écrivant que les importantes choses des États, l'ont à peine aperçu » (Pascal, *Pensées*, Brunschwicg, n° 786).

L'accueil du Royaume suppose donc un nouveau regard, une nouvelle sensibilité, bref un cœur nouveau. Jésus en a pleine conscience. Aussi sa proclamation de la Bonne Nouvelle du Royaume s'accompagne-t-elle d'une exigence essentielle, l'exigence de la conversion évangélique : la « *metanoia* » : « Convertissez-vous, croyez à l'Évangile » (Mc 1,15b).

La conversion évangélique

Jean-Baptiste avait déjà proclamé cette exigence de conversion (Mt 3,2). Jésus la reprend, en lui donnant une nouvelle profondeur. Il ne s'agit plus seulement de la conversion du pécheur, celle qui consiste en un changement de conduite sur le plan moral. La conversion évangélique est d'un autre ordre. Et elle s'impose à tous, au juste comme au pécheur, à celui qui observe la Loi comme à celui qui l'enfreint.

En quoi consiste-t-elle donc ? Il s'agit essentiellement de s'ouvrir, dans la foi, à cet amour de Dieu qui se manifeste en celui qu'il a envoyé, et de fonder toute notre existence sur cet amour absolument gratuit. Cette foi implique un dessaisissement de nous-mêmes, un lâcher prise, une remise confiante de notre salut et de notre destinée entre les mains du Père. « Croire en celui qu'il a envoyé, voilà l'œuvre que Dieu attend de vous » (Jn 6,29).

Ce dessaisissement intérieur a pour conséquence un décentrement dans nos vies. Le centre d'intérêt de notre existence n'est plus « notre » justice, « notre » salut, « nos » œuvres, « notre » sanctification, mais Dieu lui-même dans l'éclat de son règne : la souveraineté de sa grâce. « Cherchez d'abord le Royaume de Dieu et sa justice, le reste vous sera donné par surcroît », dit Jésus (Mt 6,33). Chercher le Royaume de Dieu, c'est vouloir que Lui règne en nous par sa grâce, de telle sorte que cette souveraineté soit le rocher de notre vie et la source de notre joie.

Celui-là accueille le Royaume de Dieu, qui peut dire en toute vérité, comme Jean-Baptiste : « Il faut que lui grandisse et que moi je diminue » (Jn 3,30). Alors Dieu accomplit en nous son grand dessein d'amour : son image reprend vie ; et notre être humain lui-même s'ouvre à sa vraie dimension, à sa vocation plénière d'enfant de Dieu.

Cette ouverture au Royaume de Dieu n'est pas réservée à une élite spirituelle. Se savoir fragile, pécheur, pauvre de mérites, n'est pas un obstacle à la venue du Royaume en nous. Bien au contraire. Ce n'est pas le pharisien satisfait de lui-même et de sa justice qui accueille le Royaume, mais le publicain qui se reconnaît pécheur et implore la pitié de Dieu (cf. Lc 18,9-14). La contestation, puis l'hostilité auxquelles Jésus va se heurter dans l'annonce du Royaume ne viendront pas des pécheurs ni des petites gens, mais des docteurs de la Loi, des scribes et des pharisiens, de tous ces hommes instruits et sûrs d'eux-mêmes, qui campaient sur leur savoir et leurs mérites.

C'est en reconnaissant nos ténèbres que nous nous ouvrons à la lumière du Royaume. L'humble reconnaissance de notre fragilité et de notre petitesse devant Dieu est le chemin privilégié par lequel le Royaume vient à nous. Elle nous ouvre au don gratuit de Dieu, à la souveraineté de sa grâce. La révélation du Royaume aux petits, c'est tout le mystère de l'Évangile : une révélation où Dieu se donne à connaître dans son intimité et son grand dessein d'amour. Devenir « petit » devant Dieu, c'est à cela que doit aboutir la conversion évangélique. Il importe donc de bien voir ce que signifie « être petit » selon l'Évangile.

« Si vous ne devenez comme de petits enfants... » (Mt 18,3)

« Un jour les disciples demandèrent à Jésus : "Qui donc est le plus grand dans le Royaume des Cieux ?" Jésus appela à lui un petit enfant, le plaça au milieu d'eux et dit : "En vérité je vous le dis, si vous ne redevenez comme de petits enfants, vous n'entrerez pas dans le Royaume des Cieux. Qui donc se fera petit comme ce petit enfant-là, celui-là est le plus grand dans le Royaume des Cieux" » (Mt 18,1-4).

En une autre circonstance, Jésus revient sur cette exigence. Des mamans voulaient lui présenter leurs nouveau-nés pour qu'il leur imposât les mains. Mais les disciples les rabrouaient. Ce que voyant, Jésus se fâcha et leur dit : « Laissez les petits enfants venir à moi, ne les empêchez pas. Le Royaume de Dieu appartient à ceux qui leur ressemblent. En vérité je vous le dis : Quiconque n'accueille pas le Royaume de Dieu en petit enfant n'y entrera pas » (Mc 10,13-15). Dans le cas présent, le petit enfant (*paidion*) est vraiment le tout-petit qui ne marche pas encore ; c'est l'enfant totalement dépendant, blotti dans les bras de sa mère et qui s'abandonne à elle. Selon Jésus, celui-là seul qui se comporte avec Dieu comme ces tout-petits avec leur mère peut entrer dans les secrets du Royaume.

Un jour, voyant Jésus prier, les disciples lui demandèrent de leur apprendre à prier. Le Maître leur répondit : « Quand vous priez, dites : "Abba" (Père)… » (Lc 11,2). « Abba » était le cri du petit enfant araméen appelant son père. Par ce mot tout simple, Jésus enseignait beaucoup plus qu'une formule de prière. Il livrait le secret de son être et il invitait ses disciples à le rejoindre dans sa communion toute filiale avec le Père. « Abba » était le mot de passe qui donne accès au Royaume où l'Enfant est roi. C'est dans cette lumière que les grandes demandes traditionnelles de la prière juive trouvent leur accomplissement : le nom de Dieu est sanctifié, son Règne est là, sa volonté accomplie.

Apprendre à dire à Dieu « Abba » (Père), comme Jésus sait le dire, est sans doute l'essentiel de la conversion évangélique. Cela suppose un grand dépouillement intérieur. Qui peut dire en effet en toute vérité : « Je ne veux ni force, ni puissance, ni art, ni sagesse, ni richesse, ni éclat. Je ne veux qu'en mon Père être un enfant » (Angelus Silesius, *L'Errant chérubinique*) ?

Oui, qui nous donnera cette âme d'enfant ? Cela dépasse nos possibilités humaines. Seul l'Esprit du Christ peut nous venir en aide. Lui seul peut nous apprendre à dire « Abba » comme l'Enfant du Père. Pour cela, il nous faut naître de l'Esprit. Ainsi la conversion évangélique, dans son ultime exigence, nécessite une nouvelle naissance.

La nouvelle naissance

La nécessité de la nouvelle naissance est précisément ce que Jésus s'efforçait de faire comprendre à Nicodème (Jn 3,1-16). Ce dernier était un notable juif. Versé dans les Écritures, « maître en Israël », il connaissait les voies de Dieu. Du moins le croyait-il. Or, depuis qu'il avait entendu parler de Jésus et de son enseignement sur le Royaume de Dieu, il se posait certaines questions. Nicodème ne savait plus que penser. Pour en avoir le cœur net, il décida d'aller interroger Jésus en personne. Il irait la nuit tombée, en cachette, pour ne pas éveiller l'attention. En vérité, plongé lui-même dans les ténèbres, il irait vers Jésus comme la nuit, en mal d'étoiles, va vers le jour, en quête de lumière.

Jésus le reçut et répondit à la grande question qu'il se posait : « En vérité, en vérité, je te le dis, nul ne peut voir le Royaume de Dieu à moins de naître d'en haut » (Jn 3,3). Réponse abrupte et déroutante du Maître pour cet homme prudent qui vient chercher quelque lumière rassurante, lui permettant de continuer à jouer tranquillement son rôle de docteur en Israël. Manifestement sa réaction à la déclaration de Jésus révèle un homme qui ne s'est pas encore ouvert au mystère de Dieu : « Comment, demande-t-il, un homme, déjà vieux, peut-il naître à nouveau? Peut-il une seconde fois entrer dans le sein de sa mère? » (Jn 3,4). Nicodème fait preuve ici d'une lourdeur d'esprit qui colle au sol. Il est bien un fils de la terre, enfermé dans un horizon terrestre et charnel.

Jésus essaie de lui en faire prendre conscience: « Ce qui est né de la chair, lui dit-il, est chair, ce qui est né de l'Esprit est esprit. Ne t'étonne pas, si je t'ai dit: il vous faut naître d'en haut. Le vent souffle où il veut et tu entends sa voix, mais tu ne sais pas d'où il vient ni où il va. Ainsi en est-il de quiconque est né de l'Esprit » (Jn 3,6-8).

Sous l'image du vent, Jésus signifie à Nicodème le seuil qu'il doit franchir pour naître de l'Esprit et entrer dans le Royaume de Dieu. L'homme, né de la chair, reste enfermé dans la prudence de la chair: il veut voir clairement où il va et où il met le pied. Il entend conduire sa vie lui-même, selon ses vues, en toute sécurité. Il tient à tout prix à garder dans ses mains les rênes de son destin. Tant qu'il se maintient dans cette attitude de prudence charnelle, il n'est pas né de l'Esprit. Il n'est pas un fils du Vent. Naître de l'Esprit, c'est renoncer à cette volonté de possession de soi-même et s'ouvrir dans la foi et la confiance à un

Souffle de vie et d'amour dont on ne sait d'où il vient ni où il va : un Souffle qui nous transcende et nous arrache à nos enfermements. Il faut se laisser dessaisir et emporter par ce Souffle sans frontières. Nul ne maîtrise le Souffle de l'Esprit. Il fait éclater tous nos cadres de pensée, toutes nos vues humaines. C'est ainsi qu'il nous libère et nous ouvre au mystère du Royaume de Dieu.

Manifestement Nicodème n'est pas encore prêt à franchir un tel seuil : à lâcher prise et à s'en remettre à une foi inconditionnelle à l'Esprit. Comprend-il seulement ce que cela signifie ? « Comment cela peut-il se faire ? » demande-t-il à Jésus. Et Jésus de lui dire : « Tu es maître en Israël, et ces choses-là, tu ne les saisis pas ? » (Jn 3,9-10).

L'évangile selon Jean, qui rapporte cet entretien, le prolonge en évoquant le mystère de la Croix : « Comme Moïse éleva le serpent dans le désert, ainsi faut-il que soit élevé le Fils de l'homme, afin que quiconque croit ait par lui la vie éternelle » (Jn 3,14-15). La naissance à la Vie de l'Esprit passe par le mystère de la Croix : passage obligé qui marque la rupture totale avec toute sagesse de la chair.

Dans la nuit grisonnante, le vieil homme est rentré chez lui. Il reviendra un jour vers Jésus, cette fois en plein midi. Ce jour-là, délaissant toute prudence humaine et se laissant saisir et conduire par le souffle de l'Esprit, il viendra témoigner de sa foi au Christ mort en croix. Jean écrit : « Nicodème – celui qui précédemment était venu de nuit trouver Jésus – vint aussi, apportant un mélange de myrrhe et d'aloès, d'environ cent livres » (Jn 19,39). Ce jour-là Nicodème, né de l'Esprit, a franchi le seuil : il est entré dans le Mystère du Christ et de Son Royaume.

4

La charte du Royaume

Au temps de Jésus, le peuple juif était travaillé par l'attente du Royaume de Dieu. Mais qu'attendait-il exactement et concrètement ? Il régnait à ce sujet, dans les esprits, la plus grande ambiguïté. On attendait bien sûr une ère de paix et de prospérité, comme l'avaient annoncé les Prophètes, mais aussi et avant tout la libération du joug des Romains. La venue du Règne de Dieu devait se traduire d'une manière visible par cette libération et le rétablissement de la Royauté d'Israël et de sa souveraineté nationale : une souveraineté qui lui rendrait son rôle de lumière des nations.

Pour Jésus, le Règne de Dieu est tout autre chose. Il s'agit bien d'une souveraineté, mais d'un ordre de grandeur tout autre. C'est la souveraineté d'un Amour divin qui s'offre à tous les hommes. Jésus proclame le

Règne de cet Amour qui doit ouvrir les cœurs aux dimensions du cœur de Dieu et rassembler tous les hommes dans l'unité, en promouvant chacun d'entre eux. Quand cet Amour divin régnera dans les cœurs, Dieu régnera sur la terre. Et nous serons vraiment son Royaume.

Il fallait donc avant tout dissiper l'ambiguïté qui régnait dans les esprits à ce sujet. C'est ce que Jésus fait au début de son grand discours sur la montagne, selon l'évangile de saint Matthieu. En proclamant les *Béatitudes* évangéliques, il se démarque radicalement de tout messianisme temporel et politique :

> « Heureux ceux qui ont une âme de pauvre :
>   le Royaume des Cieux est à eux.
> Heureux les doux :
>   ils posséderont la terre.
> Heureux les affligés :
>   ils seront consolés.
> Heureux les affamés et assoiffés de la justice :
>   ils seront rassasiés.
> Heureux les miséricordieux :
>   ils obtiendront miséricorde.
> Heureux les cœurs purs :
>   ils verront Dieu.

Heureux les artisans de paix :
ils seront appelés fils de Dieu.
Heureux les persécutés pour la justice :
le Royaume des Cieux est à eux.
Heureux êtes-vous quand on vous insultera,
qu'on vous persécutera, et qu'on dira faussement
contre vous toute sorte d'infamie à cause de moi.
Soyez dans la joie et l'allégresse :
votre récompense sera grande dans les
cieux… » (Mt 5,3-12).

Les *Béatitudes* évangéliques constituent la charte du Royaume des Cieux. La première d'entre elles donne le ton et fait le lien entre elles toutes : « Heureux ceux qui ont une âme de pauvre. » Celui qui a une « âme de pauvre » ne se met pas en avant ; il ne cherche ni le pouvoir, ni les richesses, ni les honneurs ; il n'ambitionne pas de s'élever au-dessus des autres et de les dominer, mais bien plutôt de les servir. Il reconnaît sa petitesse et sa fragilité devant Dieu et attend tout de sa bienveillance et de sa grâce. Il est ouvert au Don de Dieu.

Si nous voulons savoir plus précisément ce qu'est une âme de pauvre, selon l'Évangile, c'est Jésus lui-même qu'il faut regarder. Il est, par excellence, le « *Pauvre de Yahvé* », à la fois « doux et humble », compatissant et miséricordieux, ne recherchant nullement le succès, les honneurs, la richesse, acceptant l'humiliation, la persécution, l'échec, bref la Croix, et continuant malgré cela à faire le bien, à aimer ses ennemis et à leur pardonner.

On le voit, les *Béatitudes* évangéliques sont le rejet pur et simple de tout messianisme politique. Elles ne conduisent pas à l'Empire. Et l'Empire n'est pas le Royaume de Dieu. Le regard sur le Christ, le « *Pauvre de Yahvé* », nous révèle le chemin du Royaume. Ce chemin est finalement celui de la Croix. « Mon Royaume n'est pas de ce monde », dit Jésus à Pilate. Le Royaume est bien venu en ce monde. Mais il n'est pas une grandeur de ce monde, bien qu'il se réalise parmi nous.

Les *Béatitudes* proclament l'absolue gratuité du Royaume. On se tromperait sur leur sens, si on les considérait comme une sorte de programme, comme une liste de performances à réaliser pour conquérir le Royaume de Dieu. On ne conquiert pas le Royaume. On l'accueille. Il est un pur don de Dieu. Les *Béatitudes* nous disent seulement comment l'accueillir ; elles nous font connaître les grandes dispositions d'accueil qui nous ouvrent à la grâce du Royaume. Et elles célèbrent cette grâce et le bonheur de ceux et celles qui l'accueillent.

Aussitôt après ce chant des *Béatitudes*, Jésus a soin de nous dire qu'il n'a nullement l'intention de rompre avec l'enseignement des Prophètes : « N'allez pas croire que je sois venu abolir la Loi et les Prophètes : je ne suis pas venu abolir mais accomplir » (Mt 5,17).

« Accomplir », c'est bien la mission de Jésus : il vient porter à leur perfection la Loi et les Prophètes en les réalisant en sa Personne par sa vie : « En lui, dira saint Paul, toutes les promesses de Dieu sont oui » (2 Co 1,20). Il est lui-même le Royaume révélé et offert à tous les hommes. En lui, Dieu s'est communiqué en plénitude (cf. Col 1,19 ; 2,9). Il est le Fils donné au monde. Et, en même temps, il est l'Homme pleinement ouvert au Règne de Dieu : l'Homme au cœur de pauvre. Il peut dire, en vérité : « Le Règne de Dieu est venu jusqu'à vous, convertissez-vous et croyez à la Bonne Nouvelle » (Mc 1,15).

5

Les auditeurs de Jésus divisés

L'enthousiasme des foules

À partir du jour où Jésus commença à proclamer la Bonne Nouvelle du Royaume, accompagnant sa parole d'actes de guérison et de bonté de toute sorte, les foules accoururent de partout pour le voir, l'entendre et même pour le suivre dans ses déplacements. C'étaient, pour la plupart, des petites gens obscurs, des infirmes, des pécheurs, des exclus de la société. Cette foule l'écoutait avec plaisir. Elle s'émerveillait de ses actes de bonté. Elle voyait en lui le « grand Prophète ». Enthousiaste, elle s'écriait : « Dieu a visité son peuple » (Lc 7,16).

Tous ces hommes et toutes ces femmes qui venaient à Jésus attendaient le Royaume de Dieu. Ils ne l'attendaient pas comme la classe intellectuelle et politique. Ces pauvres gens attendaient un Messie qui mettrait fin à leurs maux physiques et moraux : il les délivrerait de l'oppression des puissants, de leur mépris, de toute injustice ; il ouvrirait une ère de justice et de paix, une ère de vrai bonheur. Bref, il serait un grand bienfaiteur pour son peuple, surtout pour les plus humbles, les plus éprouvés et les plus pauvres ; les affamés seraient rassasiés, les sourds entendraient, les aveugles verraient, les paralysés bondiraient… Tout comme l'avaient annoncé les Prophètes.

Or Jésus apparaissait à cette foule qui le suivait comme ce grand bienfaiteur. Quand elle le voyait s'approcher des malades, elle sentait d'instinct qu'il les aimait et qu'il était, lui aussi, un homme du peuple. D'ailleurs sa parole était toute simple ; il comparait le Royaume de Dieu aux choses et aux scènes de la vie quotidienne : à la semence qu'on jette en terre, à la lampe de la maison qui doit éclairer toute la famille, au levain qui fait lever la pâte, à la brebis perdue et retrouvée…

À vrai dire, l'espérance messianique de cette foule ne s'élevait guère au-dessus de ses besoins immédiats ; elle se limitait à un horizon de bonheur terrestre. Jésus put s'en rendre compte le jour où il multiplia les pains et rassasia la foule qui le suivait. Celle-ci, enthousiaste, voulut en faire son roi. Jésus roi, ce serait un miracle économique permanent. Lui dut se dérober. Sa mission était autre. Et quand le lendemain, il retrouva cette foule de l'autre côté du lac, il déclara : « En vérité, en vérité, je vous le dis, vous me cherchez, non parce que vous avez vu des signes, mais parce que vous avez mangé du pain et avez été rassasiés. Travaillez, non pour la nourriture qui se perd, mais pour la nourriture qui demeure en vie éternelle, celle que vous donnera le Fils de l'homme, car c'est lui que Dieu, le Père, a marqué de son sceau… » (Jn 6,26-27).

Manifestement le propos de Jésus passait par-dessus la tête de ces gens. Cependant ils l'écoutaient volontiers. Deux choses, dans ses discours, retenaient leur attention : l'autorité et la puissance de sa Parole.

Un enseignement nouveau donné avec autorité

L'enseignement de Jésus, en effet, tranchait sur celui des docteurs de la Loi et des scribes. « Ils étaient frappés de son enseignement, écrit Marc, car il enseignait avec autorité » (Mc 1,22). Jésus ne se référait pas à quelque autorité humaine. Il n'avait pas besoin d'appuyer son discours sur l'autorité des Anciens ou sur quelque tradition humaine. Il lui arrivait même de prendre le contre-pied de cette tradition. Il parlait en son nom.

Cela est manifeste dans son discours sur la montagne. Une formule martèle ce discours : « Vous avez entendu qu'il a été dit aux ancêtres… Eh bien ! moi, je vous dis… » (Mt 5,21-22). Cette formule revient six fois. Jésus ne connaît d'autre autorité que celle de son Père des Cieux.

D'autre part, son enseignement s'accompagnait le plus souvent de guérisons qui manifestaient la puissance de sa Parole. Par sa seule Parole, Jésus guérissait les infirmes, chassait les démons, apaisait la tempête sur le lac… Cette puissance jetait ses auditeurs dans la stupéfaction.

On comprend aisément l'étonnement et même l'effroi de la foule devant de tels actes. Et la question ne pouvait manquer de se poser : « D'où lui viennent cette autorité, cette sagesse et cette puissance ? » (cf. Mc 6,2 ; Mt 13,54). Qui donc est cet homme ? Jésus n'avait pas fréquenté les écoles de théologie. Il n'avait pas eu de maître. Issu d'une bourgade sans renom, de Galilée, il était connu tout simplement comme le fils d'un modeste artisan charpentier (Mt 13,55).

Malgré cela, les foules toujours plus nombreuses accouraient de partout vers lui. Et voyant les miracles de bonté qu'il accomplissait, elles l'acclamaient comme l'envoyé de Dieu, espérant qu'il allait inaugurer le Royaume de Dieu, ce Royaume dont il disait lui-même qu'il était tout proche.

L'étonnement tourne au scandale chez certains

L'étonnement fit bientôt place au scandale chez certains auditeurs, notamment chez les scribes et les pharisiens. Car Jésus parlait et agissait comme s'il disposait d'une autorité divine. Il revendiquait le pouvoir de pardonner les péchés (Mt 9,6). Il se disait « maître du sabbat » (Mc 2,28 ; Lc 6,5). Il s'affirmait « plus grand que Salomon » (Mt 12,42), et même « plus grand que le Temple » (Mt 12,6). Il accueillait les exclus, les hors-la-loi, mangeait avec les publicains et les pécheurs. Vraiment, c'en était trop au regard des autorités religieuses, gardiennes de la Loi.

Les auditeurs de Jésus se partagèrent dès lors en deux camps. Tandis que les publicains et les pécheurs s'approchaient volontiers de Jésus pour l'entendre, les scribes et les pharisiens, eux, se tenaient en retrait et murmuraient : « Cet homme fait bon accueil aux pécheurs et mange avec eux » (Lc 15,1-2).

Et comme la popularité de Jésus allait croissant, les scribes et les pharisiens cherchèrent à le discréditer et à le salir en le dénonçant comme un imposteur et un possédé du démon : s'il agissait avec cette puissance, disaient-ils, c'était sans aucun doute avec la connivence du prince des démons. Cet homme était donc dangereux, subversif. Le conflit entre Jésus et les autorités religieuses était désormais ouvert ; il allait bien vite se durcir. Il se terminera par l'arrestation, la condamnation et l'exécution de Jésus sur la Croix.

Au point où nous en sommes, l'Évangile du Royaume apparaît de plus en plus étroitement lié, dans les esprits des auditeurs de Jésus, à la personne même de Jésus. Qui donc est cet homme qui par sa Parole et ses actes étonne les uns, inquiète les autres, scandalise certains ? La révélation du Royaume se trouve du même coup suspendue à la foi en celui que le Père a envoyé. À la foule qui lui demande ce qu'il faut faire pour accomplir l'œuvre de Dieu, Jésus répond : « L'œuvre de Dieu, c'est que vous croyiez en celui qu'il a envoyé » (Jn 6,28-29).

6

Le Royaume et le Mystère de Jésus

Les disciples et le Maître

Dès les débuts de sa prédication, Jésus avait appelé certains hommes à le suivre. Il en avait fait ses disciples. Et parmi ceux-ci, il en avait choisi douze dont il avait fait ses Apôtres. Ces douze hommes qui étaient désormais associés de près à son ministère, étaient très différents les uns des autres. Il y avait parmi eux des pêcheurs du lac, un percepteur d'impôts (un publicain), un zélote (un résistant à l'occupant romain), etc. Tous avaient été conquis par la Parole de Jésus et par la force surnaturelle qui rayonnait de sa personne et de ses actes.

Comme tout bon juif, chacun d'eux attendait un Messie libérateur et sauveur. Jésus leur était apparu comme celui que Dieu avait choisi et envoyé pour établir son Règne. Plusieurs d'entre eux avaient été des disciples de Jean-Baptiste. Ils avaient entendu celui-ci dire en désignant Jésus : « Moi, je vous ai baptisés avec de l'eau, mais lui vous baptisera avec l'Esprit Saint » (Mc 1,8). Aussi, quand Jésus les appela personnellement, s'attachèrent-ils à lui immédiatement, avec l'élan et l'enthousiasme de leur jeunesse.

Jésus était devenu pour eux le Maître. Ils étaient ses disciples attentifs à son enseignement, bien qu'ils ne le comprissent pas toujours. Qui était Jésus pour eux ? Ils le considéraient comme un homme en relation privilégiée avec Dieu, comme un intime de Dieu, sans toutefois soupçonner la profondeur de cette relation unique et toute filiale avec Celui qu'il appelait « mon Père ».

Jésus aurait tant voulu que ses disciples, non seulement entrevoient sa relation au Père, mais qu'ils s'ouvrent eux-mêmes à cette communion filiale et y découvrent la splendeur du Royaume, le Royaume du Fils bien-aimé qu'il était venu révéler et offrir à tous les hommes. Sans se décourager, il ne cessait de les éclairer.

« Tout m'a été remis par mon Père » (Lc 10,22)

Un jour, il se révéla à eux comme jamais, en leur laissant entrevoir le mystère qui l'habitait. C'était au retour de la mission des soixante-douze disciples. Jésus les avait envoyés préparer sa venue dans les villes et villages où il devait passer. Il leur avait demandé d'annoncer la Bonne Nouvelle. Ils revenaient tout joyeux, lui déclarant : « Même les démons nous sont soumis ! » Et Jésus de leur dire : « … Réjouissez-vous plutôt de ce que vos noms se trouvent inscrits dans les cieux » (Lc 10,20).

« Or, à cet instant, raconte Luc, Jésus tressaillit de joie sous l'action de l'Esprit Saint et dit : “Je te bénis, Père, Seigneur du ciel et de la terre, d'avoir caché cela aux sages et aux intelligents et de l'avoir révélé aux tout-petits. Oui, Père, tel a été ton bon plaisir. Tout m'a été remis par mon Père. Nul ne sait qui est le Fils si ce n'est le Père, ni qui est le Père si ce n'est le Fils, et celui à qui le Fils veut bien le révéler” » (Lc 10,21-22 ; Mt 11,25-27).

On remarquera que, dans cette déclaration, Jésus se range lui-même parmi les tout-petits. C'est à lui, en effet, que le Père s'est communiqué en premier et en plénitude. Lui seul connaît le Père. Et le Père lui a confié la mission de le révéler. La révélation du Royaume et celle du Père ne font qu'un. Découvrir les secrets du Royaume, c'est découvrir dans l'émerveillement le cœur du Père et s'ouvrir à son grand dessein d'amour sur l'homme en son Fils bien-aimé. On comprend dès lors l'invitation de Jésus : « Réjouissez-vous de ce que vos noms sont inscrits dans le cœur de Dieu » (cf. Lc 10,20).

Et Jésus d'ajouter à l'adresse des disciples : « Heureux les yeux qui voient ce que vous voyez ! Car je vous dis que beaucoup de prophètes et de rois ont voulu voir ce que vous voyez et ne l'ont pas vu, entendre ce que vous entendez et ne l'ont pas entendu ! » (Lc 10,23-24). Mais les disciples ne voyaient ni n'entendaient vraiment. Ils attendaient, eux aussi, un Royaume visible, éclatant et immédiat. Au regard de cette espérance terrestre, que pouvait signifier ce chant divin, cette musique de l'inouï, bref cette révélation du Père au cœur de l'homme ? Les disciples en étaient encore à se demander lequel d'entre eux occuperait la meilleure place dans le Royaume. Ils ne voyaient pas que la révélation du Père en son Fils bien-aimé renfermait tous les secrets du Royaume.

Cette merveilleuse révélation du Père en son Fils donné au monde demeure cachée à ceux qui « savent », dit Jésus. Il ne s'agit pas ici des vrais savants, toujours en recherche, mais de ceux qui sont imbus de leur savoir et figés dans leur savoir. Ils « savent » qui est Dieu et ce qu'il faut en penser. Ils « savent » à quoi s'en tenir sur le sujet. Ils en ont fait le tour. On n'a rien à leur apprendre. Et dans leur suffisance, ils sont fermés à la nouveauté de la Bonne Nouvelle.

Par contre, les « petits » dont parle Jésus sont ceux qui, conscients de leurs insuffisances et de leurs limites, sont ouverts à la merveilleuse Nouvelle d'un Amour qu'ils n'ont jamais fini de découvrir et qui les surprendra toujours. L'humilité évangélique ne consiste pas à s'abîmer dans notre néant, mais à recevoir tout notre être comme un don magnifique de la grâce, de la part d'un Père qui n'a jamais renoncé à son grand dessein d'amour. Ainsi la Vierge Marie qui chante les merveilles accomplies par Dieu en son « humble servante » est l'exemple de ces « petits », ouverts aux secrets du Royaume.

Le Cœur du Père et le Royaume

Le Cœur du Père ! Là est le jardin d'Éden et le Buisson ardent. Là est la Terre promise avec toutes ses sources de vie. Là, le secret de l'Alliance et de toute réconciliation. Là enfin est le Royaume dans tout son éclat.

Seul le Fils connaît le Cœur du Père. Et lui seul peut le révéler. C'était la mission de Jésus. Il avait été envoyé pour cela. Et cette mission était sa passion, sa flamme, le « feu qu'il était venu jeter sur la terre » (Lc 12,49). Il n'avait pour cela qu'à laisser parler son propre Cœur, brûlant et débordant de l'amour du Père.

Un jour, voyant les publicains et les pécheurs se presser autour de lui, tandis que les scribes et les pharisiens se tenaient à l'écart et murmuraient, Jésus voulut expliquer pourquoi il accueillait si volontiers les pécheurs. Il le fit en paraboles selon son habitude. Saint Luc a regroupé trois de ces paraboles. Chacune d'entre elles vise à mettre en lumière la joie immense du Père céleste quand il retrouve l'un ou l'autre de ses enfants perdus. Ce sont les paraboles de la brebis perdue et retrouvée, de la drachme perdue et retrouvée, et du fils perdu et retrouvé.

De ces trois paraboles, la dernière est la plus développée et aussi la plus poignante (Lc 15,11-32). On l'appelle couramment la parabole de l'enfant prodigue. À vrai dire, elle est la parabole du « père qui avait deux fils ». Le plus jeune voulut prendre son indépendance. Le cœur brisé, le père vit partir cet enfant qu'il aimait tant. Ne pouvant souffrir son absence, il guettait sans cesse son retour.

Or voici qu'un jour il l'aperçoit au loin, revenant à la maison. Aussitôt il court à sa rencontre pour se jeter à son cou. Et pleurant de joie, il l'embrasse tendrement. Son fils a beau lui murmurer : « Père, j'ai péché contre le Ciel et envers toi. Je ne mérite plus d'être appelé ton fils… » Lui, n'écoutant que son cœur de père et ne pouvant supporter plus longtemps de voir son enfant dans un état aussi misérable, dit à ses serviteurs : « Vite, apportez le plus bel habit et l'en revêtez, mettez-lui un anneau au doigt et des chaussures aux pieds. » Il voulait au plus vite rendre à son enfant toute sa dignité et que toute la maison se réjouisse avec lui : « Amenez le veau gras, dit-il aux serviteurs, tuez-le ; mangeons et festoyons, car mon fils que voici était mort et il est revenu à la vie. » Et toute la maison se mit en fête (cf. Lc 15,20-24).

Mais quand le fils aîné, de retour des champs, entendit la musique et les danses, et apprit que le père avait voulu cette fête parce qu'il avait retrouvé son fils cadet sain et sauf, il entra dans une colère bleue et refusa tout net d'entrer dans la maison. Son père sortit alors pour l'en prier. Mais il lui répondit : « Voilà tant d'années que je te sers, sans avoir jamais transgressé un seul de tes ordres, et jamais tu ne m'as donné un chevreau, à moi, pour festoyer avec mes amis. Par contre, quand ce vaurien de fils revient, après avoir dilapidé ton bien avec des prostituées, tu fais tuer pour lui le veau gras. » Le père, lui ouvrant alors tout grand son cœur, lui dit ces paroles ineffables : « Toi, mon enfant, tu es toujours avec moi, et tout ce qui est à moi est à toi. Mais il fallait festoyer et se réjouir, car ton frère que voilà était mort et il est revenu à la vie ; il était perdu et il est retrouvé » (cf. Lc 15,25-32).

Tel est le cœur de Dieu : essentiellement un cœur de Père. C'est là sans doute la pointe de la parabole. Mais elle fait voir aussi qu'on ne peut entrer dans la joie du Père, dans le Royaume en fête, qu'en s'ouvrant à ce cœur de Père et à son grand dessein d'amour. Pour Jésus, le Royaume de Dieu est à la dimension de cet amour : Dieu veut rassembler tous ses enfants dans une même communion de vie et de joie en son Fils bien-aimé. Il veut pouvoir dire à chacun d'eux : « Toi, mon enfant, tu es toujours avec moi, et tout ce qui est à moi est à toi. »

La parabole de l'enfant perdu et retrouvé est donc un appel à cette ouverture du cœur, un appel adressé particulièrement aux scribes et aux pharisiens. On n'entre dans la joie du Royaume qu'avec un cœur qui bat à l'unisson de celui du Père. Si le fils aîné de la parabole est incapable d'entrer dans la joie du Père, c'est tout simplement parce qu'il ne s'est jamais ouvert à sa souffrance de Père. Il s'est enfermé dans la conscience de ses mérites et de son droit. Il parle à son père, non comme un fils aimant et qui se sait aimé, mais comme un salarié qui réclame son dû. Ainsi le plus grand obstacle à notre entrée dans le Royaume du Père, ce ne sont pas nos faiblesses ni nos fautes, mais la fière conscience de nos mérites et de notre propre justice, bref notre suffisance. Car elle nous enferme en nous-mêmes.

« Et vous, qui dites-vous que je suis ? »

Jésus a tout tenté pour ouvrir les yeux de ses disciples à son mystère. À l'approche de sa passion et de sa mort, il n'hésite pas à les interroger directement sur l'idée qu'ils se font de lui. Un jour, tandis qu'il cheminait avec eux, il leur posa la question : « Qui suis-je au dire des foules ? » Ils répondirent : « Jean-Baptiste pour les uns, Élie pour les autres, ou l'un des prophètes. » – « Mais, pour vous, leur demanda-t-il alors, qui suis-je ? » (Mc 8,27-29a).

« Qui suis-je pour vous ? » Voilà la question essentielle. De la part de Jésus, ce n'est pas une question de curiosité. Il ne cherche aucunement à s'informer de son degré de popularité. Le Royaume de Dieu qu'il a mission d'annoncer est lié au mystère de sa Personne, à la révélation du Père en son Fils bien-aimé, donné au monde. Il importe donc d'initier les disciples à ce mystère.

À la question posée, Simon-Pierre s'empresse de répondre : « Tu es le Christ, le Fils du Dieu vivant » (Mt 16,16). Cette réponse spontanée a jailli de son cœur ; elle est le cri de sa foi en Jésus, en sa qualité de Messie de Dieu. Et Jésus le félicite : « Tu es heureux, Simon, fils de Jonas, car cette révélation t'est venue, non de la chair et du sang, mais de mon Père qui est dans les cieux » (Mt 16,17). La suite du récit évangélique laisse voir cependant les limites de la foi de Pierre et de son regard sur le Christ-Messie.

Peu après, en effet, Jésus annonçait pour la première fois aux Apôtres qu'« il lui fallait monter à Jérusalem, y souffrir beaucoup de la part des anciens, des grands prêtres et des scribes, être tué et, le troisième jour, ressusciter » (Mt 16,21). En entendant cela, « Pierre tire à lui Jésus et se met à le morigéner : Dieu t'en préserve, Seigneur ! lui dit-il, cela ne t'arrivera pas ! » (Mt 16,22). Dans l'esprit de Pierre, le Messie de Dieu ne pouvait être soumis à de telles humiliations et surtout pas à la mort. Non, cela ne pouvait arriver à celui que Dieu avait choisi et qui disposait de la puissance divine !

Mais Jésus, se retournant, dit aussitôt à Pierre sur un ton assez vif : « Passe derrière moi, Satan ! tu es un obstacle sur ma route, car tes pensées ne sont pas celles de Dieu, mais celles des hommes ! » (Mt 16,23). Réplique cinglante qui laisse voir que Pierre a touché en Jésus un point sensible. On est ici vraiment à la croisée des chemins. Il faut résolument choisir sa route.

Puis, s'adressant alors aux disciples qui le suivaient, Jésus dit : « Si quelqu'un veut venir à ma suite, qu'il renonce à lui-même, qu'il se charge de sa croix et qu'il me suive. Qui veut sauver sa vie la perdra. Mais qui perd sa vie à cause de moi la trouvera » (Mt 16,24-25).

On ne peut s'ouvrir au mystère de Jésus et entrer dans la lumière du Royaume qu'il vient nous révéler, sans un retournement complet de nos attentes et de nos espoirs humains. Jésus est bien le Messie de Dieu, mais il est un Messie crucifié en ce monde. Et celui qui veut le suivre, doit renoncer à toute tentative humaine de réalisation du Royaume sur terre. Il doit accepter l'échec : l'échec de l'homme, même dans ses combats les plus justes, et s'en remettre, comme le Christ, à la seule puissance salvatrice de Dieu. Le chemin de la Croix sera toujours un chemin de foi absolue. Et c'est le seul qui nous fasse entrer avec le Christ dans la lumière du Royaume. Ce Royaume n'est pas une œuvre humaine, mais un pur Don de Dieu : une communion à la vie même de Dieu.

Transfiguration

Six jours après la première annonce de sa passion, Jésus voulut montrer à certains de ses Apôtres où menait le chemin de souffrances et d'humiliations sur lequel il allait s'engager.

Il prit avec lui Pierre, Jean et Jacques, et il gravit la montagne pour prier. Et là, « tandis qu'il priait, dit Luc, l'aspect de son visage devint autre, et son vêtement, d'une blancheur éclatante ». Et voici que deux hommes apparurent à ses côtés : deux grandes figures de l'histoire du peuple de Dieu, Moïse et Élie, l'un représentant la Loi, l'autre les Prophètes. Et Luc précise : ces deux témoins, apparus en gloire, s'entretenaient avec lui de « son départ qu'il allait accomplir à Jérusalem ». Cet exode du Christ sera le chemin de son Royaume. Par là il entrera dans la « Terre promise », et avec lui, tous ceux qui le suivront. Alors, sur la montagne, l'on entendit la voix du Père, celle précisément du baptême de Jésus : « Celui-ci est mon Fils bien-aimé, écoutez-le » (cf. Lc 9,28-35).

Si le chemin de la Croix aboutit à la lumière du Royaume, c'est parce qu'il libère l'homme de tous ses enfermements sur lui-même et l'ouvre à la communion divine, dans la foi et dans l'amour. Mais l'« étoile du matin » (2 P 1,19), celle de la Résurrection, ne s'était pas encore levée dans le cœur des disciples. Jésus, en descendant de la montagne, se retrouvait seul avec les secrets du Royaume qu'il avait mission de révéler.

Le dernier entretien

Selon saint Jean, c'est dans son dernier entretien avec ses disciples, la veille de sa mort, que Jésus s'expliqua le plus longuement sur son mystère. Ce soir-là, après avoir mangé la Pâque avec les siens, il se mit à leur parler à cœur ouvert, comme à des amis, les invitant à ne pas se troubler de ce qui allait se passer : « Que votre cœur ne se trouble pas ! Vous croyez en Dieu, croyez aussi en moi » (Jn 14,1). « Du lieu où je vais, vous savez le chemin. » Thomas lui dit : « Seigneur, nous ne savons pas où tu vas. Comment saurions-nous le chemin ? » Jésus lui dit : « Je suis le Chemin, la Vérité et la Vie. Nul ne vient au Père que par moi. Si vous me connaissez, vous connaîtrez aussi mon Père ; dès à présent vous le connaissez et vous l'avez vu. » Philippe lui dit : « Seigneur, montre-nous le Père et cela nous suffit » (Jn 14,4-8).

On peut penser qu'à ce moment de l'entretien, il se fit un bref silence. Jésus regarda Philippe avec gravité et tristesse et il lui dit : « Voilà si longtemps que je suis avec vous, et tu ne me connais pas, Philippe ? Qui m'a vu a vu le Père. Comment peux-tu dire : "Montre-nous le Père !" ? Ne crois-tu pas que je suis dans le Père et que le Père est en moi ?… » (Jn 14,9-10).

Philippe, ainsi que les autres disciples, croyaient connaître Jésus. Mais leur regard s'arrêtait à l'homme qu'ils avaient devant eux. Un homme merveilleux, unique, certes, un familier de Dieu, son intime, disposant de son autorité et de sa puissance, mais sans plus. Le regard des disciples s'arrêtait là. Ils voyaient en Jésus l'envoyé du Père, mais non la révélation du Père. Ils ne voyaient pas en lui le Fils bien-aimé du Père, celui que le Père a choisi de toute éternité pour communiquer aux hommes sa propre vie divine. Ils ne voyaient pas le Père se donnant lui-même au monde en son Fils unique. La proximité physique de Jésus ne pouvait que renforcer à leurs yeux son côté humain et limiter leur regard. C'est pourquoi Jésus leur dit : « Il est bon pour vous que je m'en aille » (Jn 16,7). Les disciples voyaient Jésus de près, de trop près. Le fait de vivre avec quelqu'un peut nous le cacher dans son mystère. Il fallait que Jésus leur retirât pour quelque temps sa présence charnelle, afin qu'ils puissent le découvrir cette fois, dans la lumière de l'Esprit, comme l'Icône du Père.

« Je prierai le Père, leur dit Jésus, et il vous donnera un autre Paraclet pour qu'il soit à jamais avec vous. Ce sera l'Esprit de vérité… Alors vous verrez que je vis et vous aussi vous vivrez. Ce jour-là, vous reconnaîtrez que je suis en mon Père et vous en moi et moi en vous » (Jn 14,16-20).

Ce n'est donc que dans la lumière pascale et grâce au don de l'Esprit que les disciples découvriront le mystère de Jésus et, du même coup, les secrets du Royaume de Dieu : « Le Paraclet, l'Esprit Saint que mon Père enverra en mon nom, dit Jésus, lui, vous enseignera tout et vous rappellera tout ce que je vous ai dit » (Jn 14,26). « J'ai encore beaucoup de choses à vous dire, mais vous ne pouvez pas les porter maintenant. Mais quand il viendra, lui, l'Esprit de vérité, il vous introduira dans la vérité tout entière; car il ne parlera pas de lui-même... Lui me glorifiera, car c'est de mon bien qu'il recevra et il vous le dévoilera » (Jn 16,12-14).

Les disciples écoutaient en silence leur Maître. De toutes les déclarations de Jésus, celle qui les avait le plus impressionnés, c'était l'annonce de son prochain départ. Ils en étaient tout tristes et ils s'interrogeaient à ce sujet. Jésus leur avait dit : « Encore un peu, et vous ne me verrez plus, et puis un peu encore, et vous me verrez » (Jn 16,16). Et les disciples de se demander : « Que veut-il dire par là ? » (Jn 16,17-18). Jésus, voyant leur tristesse et leur interrogation, leur dit : « Maintenant vous voilà tristes, mais je vous verrai de nouveau et votre cœur sera dans la joie, et votre joie, nul ne vous l'enlèvera. Ce jour-là, vous ne me poserez aucune question » (Jn 16,22-23a).

7

Le Royaume dans l'ombre de la mort

Après avoir célébré le repas pascal et s'être entretenu avec les disciples, Jésus se rendit avec eux, selon son habitude, au mont des Oliviers. L'heure était grave. Les disciples le sentaient. Au cours du repas, Jésus avait accompli un geste et dit des paroles qui les avaient surpris et impressionnés. Il avait pris du pain, et l'ayant béni et rompu, il le leur avait donné en disant : « Prenez et mangez, ceci est mon corps. » Puis, il avait pris une coupe et, ayant rendu grâce, il la leur avait donnée en disant : « Buvez-en tous, car ceci est mon sang, le sang de l'alliance qui va être répandu pour une multitude en rémission des péchés » (Mt 26,26-28). Et il avait ajouté : « Je vous le dis, je ne boirai plus désormais de ce produit de la vigne jusqu'au jour où je le boirai, nouveau, avec vous, dans le Royaume de mon Père » (Mt 26,29).

Ce geste et ces paroles étaient d'une grande simplicité et, en même temps, solennels et graves. Les disciples en avaient-ils saisi tout le sens ? On peut en douter. Jésus, lui, par ce geste et ces paroles, avait signifié et déjà consommé son sacrifice : il avait fait le don total de sa vie en se livrant sans réserve. Sa mort n'était pas un événement fatal qu'il lui fallait subir. Personne ne lui arrachait sa vie. Il la donnait librement. Par amour du Père et par amour des hommes : « Ceci est mon corps *livré pour vous.* [...] Cette coupe est la nouvelle Alliance en mon sang, *versé pour vous* » (Lc 22,19-20).

Ainsi Jésus épousait pleinement le dessein du Père qui voulait, par lui, manifester et communiquer sa vie intime aux hommes. Cette mission, le Christ ne pouvait l'accomplir qu'en prenant sur lui notre humanité égarée. Il lui fallait ouvrir cette humanité, fermée sur elle-même, au grand souffle de l'amour créateur et divinisant du Père. Sa mort sera l'acte libérateur qui nous ouvre les portes du Royaume.

Gethsémani

Quand Jésus arriva avec ses disciples au domaine appelé Gethsémani, il leur dit : « Restez ici, tandis que je m'en irai prier là-bas » (Mt 26,36). « Et prenant avec lui Pierre et les deux fils de Zébédée, il commença à ressentir tristesse et angoisse. Il leur dit alors : "Mon âme est triste à en mourir, demeurez ici et veillez avec moi" » (Mt 26,37-38). « Étant allé un peu plus loin, il tomba face contre terre, en priant : "Mon Père, s'il est possible, que cette coupe passe loin de moi. Cependant, non pas comme je veux, mais comme tu veux" » (Mt 26,39).

Ici commence l'éclipse du Vendredi saint ; elle atteindra sa plénitude dans les ténèbres du Golgotha. Mais déjà la nuit a pénétré l'âme de Jésus. Il supplie, hésite, se reprend : « Abba (Père) ! tout t'est possible : éloigne de moi cette coupe ; pourtant non pas ce que je veux, mais ce que tu veux ! » (Mc 14,36). Un vrai combat se livre alors en Jésus. À deux reprises, dans sa détresse, il éprouve le besoin d'aller vers ses disciples, et chaque fois il les trouve endormis. Il est seul dans la nuit, saisi d'effroi. Enfin la troisième fois, il leur dit : « Maintenant vous pouvez dormir et vous reposer. C'en est fait. L'heure est venue. Voici que le Fils de l'homme va être livré aux mains des pécheurs. Levez-vous ! Allons ! Voici que celui qui me livre est tout proche » (Mc 14,41-42).

Oui, « c'en est fait ». Jésus a pris sa décision ; il se livrera librement. Envoyé par le Père, pour révéler son amour aux hommes, il ne peut se taire, il ne reculera pas devant la mort, il ne gardera pas sa vie, il la donnera. Sa mort sera son suprême témoignage. Un témoignage d'amour plus fort que son angoisse, plus fort que la mort.

Mais l'esprit des ténèbres, le Prince de ce monde, n'a pas dit son dernier mot ni livré son dernier combat.

Golgotha

À la fin de son dernier entretien avec les disciples après la Cène, Jésus leur avait dit : « Voici venir l'heure – et elle est venue – où vous serez dispersés chacun de votre côté et vous me laisserez seul. Mais je ne suis pas seul : le Père est avec moi » (Jn 16,32). Cette communion avec le Père avait été la lumière et la force de toute sa vie. À Gethsémani, elle avait été son seul appui. Elle lui avait permis de surmonter son angoisse devant la mort atroce qui l'attendait : il s'en était remis à son Père. Mais voici qu'au Golgotha, le lieu de son supplice, cette communion avec le Père, son dernier appui, allait lui être retirée. La lumière de sa vie, soudain, s'obscurcissait.

Sur la Croix, en effet, Jésus se sent seul, affreusement seul. C'est la nuit complète. Éclipse totale. Il vit ces instants suprêmes, comme si on lui avait arraché son âme avant même qu'il ne meure. Au point qu'il ne peut s'empêcher de crier son abandon : « Mon Dieu, mon Dieu, pourquoi m'as-tu abandonné ? » (Mc 15,34).

Il faut prendre très au sérieux cette interrogation. Empruntée au psaume 21, elle exprime ici douloureusement la solitude de Jésus devant le silence du Père. Dans la bouche de celui qui a vécu toute sa vie dans l'intimité du Père, ce « pourquoi ? » a une profondeur abyssale. En souffrant cette suprême déréliction, le Fils bien-aimé a pris sur lui la condition humaine dans son ultime profondeur. Il est allé jusqu'au bout de son Incarnation. Et de sa mission. Nul ne pourra dire : « Il n'est pas descendu assez bas pour me rejoindre. » Il a assumé la tragédie humaine dans toute sa détresse.

Mais, selon l'évangile de Luc, voici qu'il se passe quelque chose de tout à fait insolite en ce lieu de supplice et de malédiction où tout condamné cherche en vain à s'accrocher à un dernier appui pour ne pas sombrer dans un désespoir sans fond. Une voix s'élève. Ce n'est pas un cri de désespoir ni de révolte, mais une humble prière, pleine d'une sereine confiance. Elle jaillit de la bouche d'un des malfaiteurs, crucifiés avec Jésus. Cet homme n'a plus rien à espérer ni de lui-même ni de la société. Alors il lance à Jésus un ultime appel : « Jésus, souviens-toi de moi, quand tu viendras dans ton Royaume » (Lc 23,42). Jésus a entendu. Tout son être a frémi. Cet appel qui monte des bas-fonds de l'humanité perdue le tire soudain de la nuit de son abandon et le rend à sa mission et à son Père. Et il répond à cet homme : « En vérité, je te le dis, aujourd'hui tu seras avec moi, dans le Paradis » (Lc 23,43).

« Aujourd'hui, avec moi » : le Royaume est là, dans cette communion. Plus jamais seul, plus jamais abandonné. Cette parole de Jésus vient mettre un point d'orgue à sa mission. En elle, tout est dit, tout est révélé des secrets du Royaume. Nous sommes ici sur un sommet. Alors que la mort, notre mort humaine, achève son œuvre de destruction en Jésus, voici que sa vie, cette vie divine qu'il est venu communiquer au monde, passe tout entière dans notre humanité déchue avec sa force de résurrection et de renouvellement. Le malfaiteur repentant a perçu en Jésus un amour qui ne le juge pas, qui ne le condamne pas. Il a cru en cet amour divin. Et tout son être en est retourné, renouvelé. Dans cette lumière, il découvre en lui-même un être nouveau, aimé de Dieu et capable d'aimer lui aussi, à l'image de Dieu. Il n'est plus seul, abandonné à une mort implacable. Il est accueilli par un amour ineffable, infini. Un amour créateur d'un homme nouveau. Et

Jésus lui aussi n'est plus seul. Il est avec nous, avec le dernier d'entre nous. Et là est son Royaume.

Désormais tout est consommé. « C'était la sixième heure, écrit Luc ; le soleil s'éclipsant, l'obscurité s'étendit sur la terre entière… Jetant un grand cri, Jésus dit : "Père, en tes mains, je remets mon esprit." Ayant dit cela, il expira » (Lc 23,44-46). Jésus est mort dans un suprême sursaut de confiance et de communion à son Père. Il donnait ainsi à son Père tous ceux et celles qui se croient abandonnés de Dieu.

8

Le Royaume dans la lumière de Pâques

Le désarroi des disciples

La mort de Jésus sur la Croix avait plongé les disciples dans un désarroi total. « Cela ne t'arrivera pas ! » avait dit Pierre à Jésus, lors de la première annonce de sa passion (Mt 16,22). Dans la pensée des disciples, cela ne pouvait arriver au Messie de Dieu, dont la puissance devait s'imposer à toutes les nations, selon les Prophètes. Et pourtant cela était arrivé, et de la façon la plus humiliante. Pour les disciples, c'était l'échec le plus complet. Ils avaient cru en Jésus, ils avaient tout misé sur lui. « Nous espérions, nous, que c'était lui qui allait délivrer Israël », dit l'un d'eux (Lc 24,21). La mort de Jésus, c'était l'effondrement de leur rêve messianique. Désorientés et tremblants, ils se terraient, saisis de peur, de confusion et de honte.

Le temps du silence

Mais au matin de Pâques, Marie de Magdala revint précipitamment du tombeau ; elle y était allée espérant oindre le corps de Jésus ; elle annonça la bouleversante nouvelle : « On a enlevé le Seigneur du tombeau et nous ne savons pas où on l'a mis » (Jn 20,2b). Aussitôt les Apôtres Pierre et Jean coururent pour voir ce qui s'était passé.

Mais il n'y avait rien à voir que le tombeau ouvert et vide, avec les linges qui avaient enveloppé le corps, et le suaire. Mais, lui, où était-il ? Aucune présence humaine. Rien que le silence, le grand silence de Pâques. « Secrète résurrection », écrit Pascal (*Pensées*, Brunschwicg, n° 793). Étonnante alliance de mots ! Secrète, la résurrection de Jésus l'est, non seulement parce qu'elle s'est accomplie en l'absence de témoins, mais surtout parce qu'elle est un mystère d'amour caché au monde. Elle est, par excellence, le mystère du Royaume : un mystère qui ne se révèle que dans le silence d'un cœur de pauvre. Seul le cœur qui consent à ce que l'événement lui échappe peut l'accueillir dans sa transcendante nouveauté.

La résurrection de Jésus n'est pas, comme celle de Lazare, un simple retour à la vie antérieure. Elle est une rupture. Elle est le commencement d'un monde nouveau. Jésus n'est pas seulement le Ressuscité, il est « la Résurrection et la Vie ». On ne le reconnaît qu'en s'ouvrant soi-même à la grâce des commencements. On n'entre dans ce mystère d'amour qu'en se laissant saisir et renouveler par l'Esprit qui a ressuscité Jésus. En devenant nous-mêmes, sous son action, une nouvelle créature, nous expérimentons intérieurement sa puissance de résurrection et de vie. Le silence du matin de Pâques nous invite à cette expérience de foi en cet événement unique qui nous échappe, alors même qu'il nous saisit dans son souffle de vie.

Le moment de la foi

Jean, à la suite de Pierre, est entré dans le tombeau. « Il vit et il crut » (Jn 20,8b). Jean a vu. Qu'a-t-il vu ? Rien d'autre que les linges qui avaient enveloppé le corps de Jésus. Mais il a cru. Sans voir. Il s'est ouvert à cet événement qui lui échappait, auquel il ne pouvait encore donner de nom, mais qui déjà parlait à son cœur. Jusqu'alors, Jean et Pierre ne pouvaient savoir ce que signifiait « ressusciter d'entre les morts » (Mc 9,10).

Il en est de même pour Marie de Magdala. Cherchant en vain où l'on avait mis le corps de Jésus, elle se tenait tout en larmes, à l'extérieur du tombeau. Seule dans une immense tristesse. Et quand Jésus ressuscité se présente à elle, elle ne le reconnaît même pas. Cela peut étonner. Mais comment aurait-elle pu le reconnaître ? Elle le cherchait encore dans son monde à elle, tel qu'elle l'avait connu avant sa mort et sa résurrection. Or le Ressuscité n'était plus dans ce monde où les êtres et les choses s'imposent de l'extérieur, et où nous avons aussi prise sur eux. Marie de Magdala n'était pas encore entrée dans le mystère de la résurrection. Son regard appartenait au passé. Elle ne pouvait accepter que celui qu'elle aimait lui échappât.

Ce n'est que lorsque Jésus l'appelle par son prénom qu'elle perçoit sa voix. Son cœur vibre et reconnaît la voix du Seigneur. Elle commence alors à s'ouvrir à son mystère. Timidement, il est vrai. Car elle cherche encore à ramener Jésus ressuscité à son monde à elle, à le resituer dans son cadre passé. Elle a peur qu'il lui échappe, et elle tente de le retenir. Mais Jésus ressuscité ne se laisse pas saisir : « Ne me retiens pas, lui dit-il. Car je ne suis pas encore monté vers le Père. Va dire à mes frères : je monte vers mon Père et votre Père, vers mon Dieu et votre Dieu » (Jn 20,17). Désormais, c'est dans son mouvement, sa montée vers le Père, qu'il faut chercher Jésus ressuscité. On ne retient pas pour soi celui qui, dans l'élan puissant de sa résurrection et de son amour, attire et entraîne vers le Père la terre entière. En acceptant de lâcher prise, Marie de Magdala s'ouvre à la Pâque de Jésus ; elle entre dans le mystère du monde nouveau ; et elle peut dire : « J'ai vu le Seigneur » (Jn 20,18). C'est elle qui désormais se laisse saisir par lui, dans l'éclat de son Royaume. Heureux le cœur de pauvre qui ne cherche pas à tirer Dieu à soi, mais qui se laisse saisir par lui, et reconnaît son Règne.

L'expérience pascale des disciples d'Emmaüs est également très instructive par le retournement d'âme qu'elle comporte. Eux non plus ne reconnurent pas le Ressuscité quand, le soir de Pâques, il les rejoignit sur leur chemin de désespérance. Ils s'en retournaient chez eux, désenchantés. Ils avaient été conquis et fascinés par ce jeune prophète « puissant en œuvres et en paroles devant Dieu et devant les hommes » (Lc 24,19). Et ils avaient placé en lui une immense espérance : « Nous espérions, nous, que c'était lui qui allait délivrer Israël » diront-ils à l'inconnu qui les rejoint sur la route et qui s'étonne de leur tristesse (Lc 24,21). Maintenant ils tournaient le dos à Jérusalem où leur Maître venait d'être crucifié, comme un malfaiteur et un maudit. Le prophète « puissant en actes » n'avait pas été capable d'échapper à cette mort humiliante. Tout s'était passé comme si Dieu l'avait abandonné, désavoué, maudit. Et du même coup, toutes leurs espérances s'étaient évanouies.

L'inconnu leur dit alors : « Ô cœurs sans intelligence, lents à croire tout ce qu'ont annoncé les Prophètes ! » (Lc 24,25). Et, commençant par Moïse et parcourant les Prophètes, il leur montre qu'« il fallait que le Christ endurât ces souffrances pour entrer dans sa gloire » (Lc 24,26). Ainsi, à partir des Écritures, l'inconnu leur révèle le sens de sa mort et les introduit dans sa Pâque.

Ce cheminement à travers les Écritures ne se réduit pas à une simple interprétation intellectuelle. C'est une expérience qui engage tout l'être, en le touchant au « cœur ». C'est une blessure secrète qui ouvre le « cœur ». Une blessure d'amour. « Notre cœur, diront plus tard les disciples, n'était-il pas tout brûlant en nous, quand il nous parlait en chemin et qu'il nous expliquait les Écritures ? » (Lc 24,32). L'expérience pascale ne va pas sans cette brûlure intérieure qui nous fait voir, dans la mort et la résurrection du Christ, un grand mystère d'amour et l'avènement d'un monde nouveau. Nous reconnaissons Jésus ressuscité, en naissant nous-mêmes à la vie nouvelle qui rayonne de son humanité et en laquelle il nous est donné d'éprouver dans l'amour la puissance créatrice de sa résurrection.

L'expérience pascale des deux disciples se poursuit avec l'invitation qu'ils font à l'inconnu dont la parole les a touchés au plus profond d'eux-mêmes. Arrivés au village d'Emmaüs, ils insistent pour qu'il accepte de passer la nuit chez eux : « Reste avec nous, car le soir tombe ; il fera bientôt nuit. Et l'inconnu entre pour rester avec eux » (cf. Lc 24,28-29).

Le dévoilement du sens de la mort du Christ, à partir des Écritures, a fait briller dans le « cœur » des disciples une lumière nouvelle. Maintenant l'inconnu est devenu leur hôte : il est entré dans leur intimité. Mais c'est lui, à vrai dire, qui les introduit dans son intimité, en leur découvrant la profondeur de son mystère. S'étant mis à table avec eux, leur hôte prend le pain, dit la bénédiction, puis le rompt et le leur donne. Ce geste achève de leur faire voir dans la mort de Jésus l'acte d'une vie qui se donne tout entière par amour, et qui en se donnant se révèle plus forte que la mort et créatrice d'un monde nouveau, un monde de communion où règne l'amour. Les disciples reconnaissent alors Jésus dans cette force de vie qui se communique à eux, les transformant en témoins de sa résurrection et de son Royaume.

À ce moment, la présence sensible de Jésus disparaît à leurs yeux, laissant briller dans leur cœur la lumière de son Royaume, la connaissance de sa gloire. Et comme soulevés par ce souffle de vie et de communion, les disciples décident sur-le-champ de s'en retourner à Jérusalem vers leurs frères pour leur annoncer la Bonne Nouvelle : « Il est ressuscité ; nous l'avons reconnu à la fraction du pain » (Lc 24,35). Et les voilà, dans la nuit, en route vers Jérusalem, tout brûlants et rayonnants de Pâques. Ils pouvaient chanter :

> « Jésus qui m'as brûlé le cœur
> Au carrefour des Écritures,
> Ne permets pas que leur blessure
> En moi se ferme :
> Tourne mes sens à l'intérieur,
> Force mes pas à l'aventure,
> Pour que le feu de ton bonheur
> À d'autres prenne ! » (Hymne, D. Rimaud, CNPL)

Après la dispersion dans le désespoir, ils sont à nouveau réunis à leurs frères dans la foi au Christ ressuscité. Tant il est vrai que la lumière pascale se manifeste comme une force de communion. En Jésus ressuscité, le Royaume de Dieu s'offre comme une communion de vie, dans l'amour, avec Dieu et avec nos frères.

Le cas de l'Apôtre Thomas, bien que différent, est également très éclairant pour qui veut comprendre l'expérience pascale. Thomas doutait. Absent lors de la première apparition de Jésus ressuscité aux autres Apôtres, il voulait voir et toucher le Christ pour croire en sa résurrection, comme s'il suffisait de constater physiquement pour croire. Sans doute, Jésus lui dira-t-il : « Parce que tu me vois, tu crois. » En réalité, comme le fait remarquer saint Grégoire le Grand dans son homélie sur l'évangile de Jean, Thomas reconnaît un homme qu'il voit, mais il adore en cet homme une Puissance de vie, proprement divine, qu'il ne voit pas. Il voit un homme, et il proclame un Dieu : « Mon Seigneur et mon Dieu ! » (Jn 20,28).

Une telle foi n'est possible que parce que le cœur de Thomas a vibré et s'est ouvert à cette vie qui se manifeste à lui : une vie qui est essentiellement un mystère d'amour. « Avance ta main, lui dit Jésus, mets-la dans mon côté » (Jn 20,27). Ce geste que Jésus lui demande de faire ne se réduit pas à un simple contact sensoriel, comme l'avait cru Thomas. Le Seigneur l'invite par là à entrer dans la profondeur de son amour, à vibrer intérieurement, bien plus qu'à le toucher physiquement. Et Thomas a compris. En cet instant, il s'est senti aimé comme jamais. Il est devenu un homme nouveau : un homme que le Christ lui-même a touché intérieurement.

Comme on le voit par ces exemples, la foi au Christ ressuscité n'est jamais le simple constat d'une réalité qui s'impose de l'extérieur. Elle est toujours une expérience de tout l'être : une ouverture du « cœur », dans la foi à un amour divin qui nous saisit et nous renouvelle. C'est en nous-mêmes que Jésus se révèle « Résurrection et Vie ». Il est notre résurrection et notre vie. Celui qui croit en Jésus ressuscité s'ouvre lui-même au Souffle de l'amour créateur qui le tire du tombeau et le fait passer dans son Royaume. « … Avec lui, écrit saint Paul, vous êtes ressuscités, parce que vous avez cru en la force de Dieu qui l'a ressuscité des morts » (Col 2,12). En lui, nous devenons des hommes nouveaux, dans un monde nouveau : nous ne sommes plus enfermés dans un horizon de mort ni non plus dans les limites de nos étroitesses et de nos divisions, mais ouverts au souffle sans frontières de l'Amour créateur et rédempteur.

En suivant l'exemple des Apôtres et en écoutant leurs témoignages, nous pouvons entrer plus à fond dans l'expérience pascale. Sous l'action de l'Esprit, ils se sont ouverts peu à peu à l'intelligence du Mystère et en ont pris la vraie et pleine dimension. Dans les écrits qu'ils nous ont laissés, ils nous invitent instamment à nous ouvrir nous-mêmes à cette lumière de l'Esprit. Ainsi lisons-nous dans la Lettre aux Éphésiens ce très beau passage :

« Daigne le Dieu de Notre Seigneur Jésus Christ, le Père de la gloire, vous donner un esprit de sagesse et de révélation, qui vous le fasse vraiment connaître ! Qu'il ouvre votre cœur à sa lumière, pour que vous sachiez quelle espérance vous donne son appel, quel trésor de gloire renferme son héritage parmi les saints, et quelle immense puissance, quelle force créatrice il a déployée en la personne du Christ, pour nous les croyants, quand il l'a ressuscité d'entre les morts et l'a fait siéger à sa droite, dans les cieux… » (Ep 1,17-20).

Dans cette lumière, nous pourrons, nous aussi, entendre l'Esprit murmurer dans nos cœurs le chant émerveillé des petits du Royaume. Quand le vent se lève, nous entendons sa voix… « Ainsi en est-il de quiconque est né de l'Esprit » (Jn 3,8).

9

Le Royaume dans le Souffle de l'Esprit

Dans son dernier entretien, après la Cène, Jésus avait promis aux Apôtres de leur envoyer l'Esprit Saint. « Quand il viendra, avait-il ajouté, lui l'Esprit de vérité, il vous introduira dans la vérité tout entière » (Jn 16,13). « Ce jour-là, vous reconnaîtrez que je suis en mon Père, et vous en moi et moi en vous » (Jn 14,20).

La révélation du Fils en Jésus

C'est effectivement, avec la venue de l'Esprit Saint et grâce à son action, que les Apôtres sont entrés peu à peu dans la profondeur du mystère de Jésus et de sa Pâque. Sa filiation divine s'est imposée à eux. Comme l'avait annoncé Jésus, ils ont reconnu que le Père demeurait en lui, et lui dans le Père. Dès lors ils virent en lui, non plus seulement le grand Prophète ou le Messie de Dieu, mais le Fils bien-aimé, le Fils unique qui ne fait qu'un avec le Père : « Issu de la lignée de

David selon la chair, écrit Paul, il est établi Fils de Dieu avec puissance selon l'Esprit de sainteté par sa résurrection des morts » (Rm 1,4).

Révélation bouleversante que celle du Fils de Dieu en Jésus ressuscité. Car c'est tout le mystère de Dieu qui se révèle ici : le Dieu unique n'est pas un Dieu solitaire ; il est essentiellement un mystère d'amour. La résurrection de Jésus ne donne pas un Fils à Dieu ; mais elle le révèle. De toute éternité, Dieu est Père. Parce qu'il est amour, il est tout entier communication de soi, don de soi. Il ne se possède pas. Il n'existe que comme don de soi. Et ce don essentiel, c'est le Fils engendré éternellement au sein du Père, ne faisant qu'un avec lui dans l'Esprit, le Souffle d'amour qui les unit. Le Dieu unique est une communion de vie dans ce Souffle d'amour.

La révélation du Fils donné au monde

Or voici que, sous l'action de l'Esprit, ce Fils éternel se révèle aux Apôtres. Et il se révèle comme donné au monde, comme engendré au monde. « Nous vous annonçons cette Bonne Nouvelle : la promesse que Dieu a faite à nos pères, il l'a accomplie pleinement pour nous, leurs enfants, en ressuscitant Jésus, comme il est écrit au psaume deuxième: "Tu es mon Fils, moi aujourd'hui je t'ai engendré" » (Ac 13,32-33).

La révélation du Fils et notre naissance à la vie divine

Cette Parole que le Père adresse de toute éternité à son Fils unique, voici qu'elle retentit au cœur de notre humanité, dans notre chair elle-même, en la personne de Jésus ressuscité. Or, en lui, c'est à chacun d'entre nous que s'adresse désormais la Parole éternelle du Père: « Tu es mon fils, moi aujourd'hui je t'ai engendré. »

Ainsi l'Esprit Saint nous révèle le Fils bien-aimé en Jésus ressuscité, en nous donnant de naître à sa vie filiale et d'avoir part à sa plénitude. Évoquant sa rencontre du Christ ressuscité sur le chemin de Damas, Paul écrit: « Celui qui, dès le sein maternel, m'a mis à part et appelé par sa grâce, a daigné révéler en moi son Fils pour que je l'annonce aux païens… » (Ga 1,15-16a).

Il en va de même pour chacun de nous: le Christ ressuscité se fait reconnaître comme le Fils bien-aimé, en nous donnant de vivre de sa vie filiale. Et cela, gracieusement et par amour. Lui-même l'avait promis à ses Apôtres dans son dernier entretien: « Encore un peu de temps, leur avait-il dit, et le monde ne me verra plus. Mais vous, vous verrez que je vis, et vous aussi vous vivrez. Ce jour-là, vous reconnaîtrez que je suis en mon Père, et vous en moi et moi en vous » (Jn 14,19-20).

Ainsi le Christ ressuscité se révèle comme le Fils unique, en nous introduisant dans sa communion filiale au Père. Cette communion est vraiment son Royaume, le Royaume du Fils bien-aimé : « Avec lui, Dieu nous a ressuscités ; avec lui, il nous a fait régner aux cieux, dans le Christ Jésus » (Ep 2,6).

Celui qui croit au Christ ressuscité et se laisse conduire par son Esprit, s'ouvre à la lumière du Royaume : il entre dans la communion bienheureuse de Jésus avec le Père. On comprend l'explosion de louanges qui fait bondir le cœur des Apôtres quand, à la lumière de l'Esprit, ils découvrent le mystère de Jésus et de sa Pâque : « Béni soit le Dieu et Père de notre Seigneur Jésus Christ : dans sa grande miséricorde, il nous a fait renaître par la résurrection de Jésus Christ d'entre les morts, pour une vivante espérance » (1 P 1,3). « Avec joie, rendez grâce au Père qui vous a rendus capables d'avoir part à l'héritage des saints dans la lumière. Il nous a arrachés au pouvoir des ténèbres et transférés dans le Royaume du Fils de son amour, en qui nous avons la délivrance, le pardon des péchés... » (Col 1,12-14). « Vous êtes le peuple de Dieu chargé de proclamer les louanges de Celui qui vous a appelés des ténèbres à son admirable lumière » (1 P 2,9).

En même temps que se révélait à eux le Mystère de Jésus et de sa Pâque, les Apôtres découvraient la place centrale du Christ dans l'histoire du salut : en venant accomplir les Écritures, il les éclairait et leur donnait tout leur sens. Toute l'histoire du peuple de Dieu culminait dans l'événement pascal en lequel se réalisait vraiment l'entrée dans la Terre promise : la communion à la vie même de Dieu dans le Royaume du Fils bien-aimé.

Jésus ressuscité, printemps d'humanité

Ce n'est pas seulement l'histoire du salut qui se révèle aux Apôtres dans le Christ ressuscité, mais le dessein créateur lui-même dans toute son étendue. La résurrection de Jésus renoue avec le dessein originel du Père. Dans le « Premier d'entre les morts », Paul salue le « Premier-né de toute créature » : l'Homme dans sa splendeur première, tel que Dieu, dans son grand amour, le voulait et le voyait de toute éternité, l'homme ouvert et communiant à sa vie et à sa joie divines dans le Fils bien-aimé : « Béni soit Dieu le Père de notre Seigneur Jésus Christ... En lui, il nous a choisis avant la création du monde pour que nous soyons saints et irréprochables sous son regard. Il nous a d'avance destinés à devenir pour lui des fils par Jésus Christ... » (Ep 1,3-5). « Ceux qu'il connaissait par avance, il les a aussi destinés à être l'image de son Fils pour faire de ce Fils l'aîné d'une multitude de frères » (Rm 8,29).

« Cette grâce qui nous a été donnée avant tous les siècles dans le Christ Jésus, la voici maintenant manifestée par l'apparition de notre Sauveur, le Christ Jésus qui a détruit la mort et fait resplendir la vie et l'immortalité par le moyen de l'Évangile » (2 Tm 1,9b-10).

Ainsi, en Jésus ressuscité, se révèle et se réalise en plénitude le dessein originel de l'amour créateur et divinisant du Père. On comprend la parole de Maxime le Confesseur : « Lorsque Dieu voit se lever le matin de Pâques et le Christ ressuscité, il dit : "Voilà pourquoi j'ai créé le monde." »

10

Le Royaume et l'Église

Il est difficile, aujourd'hui plus que jamais, de bien parler de l'Église. Pour beaucoup de chrétiens et, à plus forte raison, pour des non-chrétiens, le Christ des évangiles est une chose et l'Église une autre.

L'Église n'est certes pas le Royaume de Dieu. Elle se présente à nous sous un jour humain, parfois trop humain. Elle est composée de pécheurs et de saints. Et sans doute compte-t-elle plus de pécheurs que de saints. Comme dans la parabole évangélique, l'ivraie et le blé s'y trouvent mêlés et croissent ensemble (Mt 13,24-30).

Et cependant, tout humaine qu'elle soit, l'Église, dans sa réalité profonde, fait partie intégrante du mystère du Christ. Non par la volonté des hommes, mais par la volonté du Christ lui-même, une volonté clairement exprimée dans les évangiles : « Comme le Père m'a envoyé, moi aussi je vous envoie » (Jn 20,21). Telles sont les premières paroles que le Christ ressuscité adresse à ses Apôtres. Et leur ayant dit cela, il souffla sur eux et leur dit : « Recevez l'Esprit Saint… » (Jn 20,22-23).

Cet Esprit que le Christ insuffle à ses Apôtres, le soir de Pâques, est le Souffle de Vie qui l'a ressuscité d'entre les morts. La communauté apostolique se voit confier cette puissance de Résurrection et de Vie. « La résurrection du Christ après les souffrances de la croix, écrit Origène, englobe le mystère de la résurrection de son Corps tout entier » (Origène, *Commentaire de l'évangile de Jean*). Désormais le mystère pascal du Christ déploie sa puissance de Vie dans son Corps qui est l'Église.

Le prophète Ézéchiel nous donne une vision prophétique du mystère de l'Église, dans sa description du Temple futur. Tout impressionné par l'imposante architecture de l'édifice, Ézéchiel s'attarde tout d'abord à nous faire un relevé détaillé des dimensions de chacune de ses parties. Tout est mesuré, chiffré : longueur, largeur, hauteur. Un relevé d'arpenteur.

Ézéchiel pensait avoir ainsi fait le tour de la demeure qui devait accueillir la gloire de Dieu, et il croyait en avoir exprimé la vraie grandeur. Cela, jusqu'au moment où il s'aperçoit que de l'eau s'échappe de dessous le seuil du Temple vers l'orient : « Elle coule de dessous le côté droit du Temple, au sud de l'autel » (Ez 47).

Et, chose surprenante, ce qui n'est tout d'abord qu'un filet d'eau s'enfle très vite, s'élargit et devient un torrent infranchissable qui se précipite vers le vaste monde. Et, chose plus surprenante encore, il fertilise tout sur son passage. C'est un vrai fleuve de vie qui va se jeter dans la mer Morte. Et voici qu'au contact de son eau vivifiante, les eaux de la mer Morte elles-mêmes se remettent à vivre et à foisonner de poissons.

Délaissant alors le regard du géomètre et de l'arpenteur, Ézéchiel retrouve la vision émerveillée du poète et du prophète et il nous donne à contempler le mystère de cette eau vive qui, échappée de l'imposant édifice et tout d'abord inaperçue dans son humilité, transfigure le monde sur son passage : « Là où cette eau pénètre, elle assainit, et la vie se développe partout où bondit le torrent [...]. Depuis Engaddi jusqu'à En-Glayim les filets de pêche se tendent [...]. Sur les bords du torrent croissent toutes sortes d'arbres fruitiers dont le feuillage ne se flétrit pas et dont les fruits se renouvellent sans cesse [...] Car cette eau vient du sanctuaire. Les fruits sont une nourriture et le feuillage un remède » (Ez 47,9b-12).

Comment ne pas voir dans cette vision d'Ézéchiel une image prophétique du mystère de l'Église ? En effet, sous l'imposant appareil institutionnel de celle-ci, jaillit une source d'eau vive, cachée aux yeux du monde, mais dont les saints et les saintes de tous les temps sont les témoins. Ce courant de vie divine qui met l'homme en communion avec Dieu et avec tous ses frères humains, c'est la réalité profonde de l'Église. Ce mystère n'est autre que le mystère pascal du Christ à l'œuvre dans son Corps et créant la communion des hommes avec Dieu et des hommes entre eux, selon le dessein originel du Père. En cette communion s'accomplit le Royaume de Dieu.

Pour bien comprendre le rôle de l'Église dans la révélation et la réalisation du Royaume, il est nécessaire de la replacer dans la lumière du grand dessein de Dieu. Il faut toujours revenir à ce dessein originel de l'amour divin, « d'avant la fondation du monde » (Ep 1,4). Une grande œuvre musicale ne s'illumine vraiment de l'intérieur que lorsqu'on entend chanter en elle « l'émotion créatrice » de son auteur. Il en est de même de cette œuvre de Dieu qu'est la création de l'univers et de l'homme dans l'univers. Cette œuvre grandiose nous livre son secret lorsqu'à la lumière de la Parole nous entendons chanter en elle la grande douceur mais aussi « la violence inouïe de l'amour qui jeta Dieu hors de lui-même[1] » et le fit concevoir le projet de créer des êtres auxquels il communiquerait librement et gratuitement sa vie et son Esprit : il voulait les associer à sa gloire et à sa joie divines. La première créature à laquelle il projetait de se communiquer, c'était son Christ. En la personne de son Fils éternel, il s'unirait en plénitude à notre humanité. Ce Fils incarné, « Premier-né de toute créature » (Col 1,15), serait « l'aîné d'une multitude de frères » (Rm 8,29). C'est en ce Fils bien-aimé que nous avons tous été voulus, aimés et appelés à former la grande communion des fils de Dieu, le « Royaume », à l'image de la communion trinitaire.

L'univers tout entier est né de ce dessein d'amour. Un amour si fort que rien ne pouvait l'arrêter. Pas même les dérives de l'homme, pas même le péché. Ce dessein prévoyait déjà, en effet, la grâce de la Rédemption :

---

1. Karl RAHNER, *Expériences d'un théologien catholique*, Paris, Cariscript, 1985.

« Vous avez été rachetés par le sang précieux, comme d'un agneau sans défaut et sans tâche, celui du Christ *prédestiné avant la fondation du monde* et manifesté dans les derniers temps à cause de vous » (1 P 1,18-20).

Ce grand dessein à la fois créateur et rédempteur, le Christ l'a réalisé dans son mystère pascal, avec la force et l'ardeur de l'amour du Père. « Cette force, écrit Paul, le Père l'a déployée en la personne du Christ quand il l'a ressuscité d'entre les morts et l'a fait siéger à sa droite dans les cieux, l'établissant au-dessus de toutes les puissances [...] au sommet de tout, Tête pour l'Église qui est son Corps, Plénitude de Celui que Dieu remplit lui-même totalement » (Ep 1,20-23).

Or cette Plénitude de vie divine, reçue du Père et manifestée dans le mystère pascal, le Christ ressuscité la communique maintenant à l'Église qui est son Corps. Il le fait par sa Parole et les sacrements qu'il a confiés à ses Apôtres. Il accomplit ainsi aujourd'hui en son Corps tout entier le dessein d'amour du Père, avec sa puissance de Résurrection et de Vie.

Dans le sacrement de baptême, par exemple, c'est bien le mystère pascal de Jésus qui devient nôtre : « Ignorez-vous, écrit Paul aux chrétiens de Rome, que, baptisés dans le Christ Jésus, c'est dans sa mort que tous nous avons été baptisés. Nous avons donc été ensevelis avec lui par le baptême dans la mort, afin que, comme le Christ est ressuscité des morts par la gloire du Père, nous vivions nous aussi dans une vie nouvelle » (Rm 6,3-4).

De même, dans la célébration de l'Eucharistie, c'est bien le mystère pascal du Christ qui est rendu présent et agissant dans l'Église. En instituant l'Eucharistie, le Seigneur Jésus a voulu que l'acte unique de sa mort, l'acte dans lequel il s'est donné une fois pour toutes, totalement et librement, par amour, demeurât toujours présent à la pensée et au cœur des siens. L'Eucharistie est bien un mémorial : « Faites ceci en mémoire de moi », a demandé Jésus à ses Apôtres. Mais elle n'est pas pour autant la simple évocation symbolique d'un événement du passé. Elle est aussi et en vérité le mystère pascal de Jésus, vécu au présent dans son Église avec sa puissance de Résurrection et de Vie.

Le passage de l'humanité à Dieu est toujours actuel. Et ce passage ne se réalise pas par un simple progrès ou épanouissement des virtualités de l'être humain. Il exige une conversion qui est à la fois mort et résurrection. « Nul ne peut voir Dieu sans mourir » et sans renaître. Mais qui nous donnera cette grâce ? Dans l'Eucharistie, le Christ nous donne de vivre sa mort et sa résurrection : il nous prend dans sa Pâque, dans son passage vers le Père. Il nous arrache à nos tombeaux, nous libère de tous nos enfermements, en nous communiquant la force de son Esprit. Il nous fait entrer avec lui dans la gloire du Père, la gloire d'un Amour sans frontières. Et, dans cette gloire, il nous découvre la splendeur du Royaume : Dieu règne là où triomphe son amour, là où se réalise son grand dessein d'amour. Alors Jésus peut dire à son Père : « Je leur ai donné la gloire que tu m'as donnée pour qu'ils soient un comme nous, moi en eux et toi en moi, et qu'ainsi ils soient parfaits dans l'unité » (Jn 17,22-23).

On voit l'importance de l'Eucharistie dans la vie de l'Église. Celle-ci se construit autour de l'Eucharistie, en célébrant la mort et la résurrection de Jésus : en communiant à cette mort et à cette résurrection. Ainsi se réalise la communion de Dieu avec les hommes, et des hommes entre eux. L'Église est cette communion, prémices du Royaume.

Une telle communion ne peut être repliée sur elle-même, fermée au monde. Elle est envoyée vers ce monde, avec mission d'annoncer à tous les hommes la

Bonne Nouvelle du Royaume. Son horizon, c'est l'humanité dans son universalité et sa diversité. L'Église se doit d'être une communion ouverte, constamment travaillée de l'intérieur par le souffle de l'Esprit que Jésus lui insuffle et qui la pousse à réaliser dans sa plénitude la communion des enfants de Dieu, selon le dessein du Père. Jésus ne cesse de dire à son Église : « Tout pouvoir m'a été donné au ciel et sur la terre. Allez donc, de toutes les nations faites des disciples, les baptisant au nom du Père et du Fils et du Saint-Esprit » (Mt 28,18-19).

La Vierge Marie, figure et mère de l'Église

On ne peut clore ce chapitre sur le Mystère de l'Église, prémices du Royaume, sans évoquer la figure de la Vierge Marie, mère de Jésus et mère de l'Église.

Mais qui est Marie ? La question peut sembler déplacée. Et pourtant, il est bon de commencer par rappeler certains aspects tout simples, mais essentiels, de la personnalité de Marie.

Marie est tout d'abord cette jeune fille juive qui attendait humblement, mais ardemment la venue du Royaume de Dieu. Elle l'attendait dans la foi à la Parole et avec un cœur de pauvre : « Bienheureuse celle qui a cru en l'accomplissement de ce qui lui a été dit de la part du Seigneur », lui dira sa cousine Élisabeth, lors de la Visitation (Lc 1,45).

Marie s'inscrit dans la lignée des « *Pauvres de Yahvé* », de ces petits et de ces humbles qui attendaient le Royaume de Dieu comme un temps de grâce, de justice et d'amour. Cette venue du Royaume, Marie l'a chantée dans son *Magnificat*, comme la manifestation de l'amour du Très-Haut qui se penche sur son humble servante et qui s'étend d'âge en âge sur tous les humbles de la terre, dispersant les superbes, renversant les puissants, renvoyant les riches, les mains vides.

Le Royaume de Dieu, pour Marie, c'est donc avant tout cet amour du Très-Haut qui se penche vers elle et lui demande d'accueillir en elle son Messie, afin qu'il prenne chair de notre chair. Demande bouleversante. Marie vit ce moment unique de notre histoire.

L'ange lui dit : « Voici que tu concevras dans ton sein et enfanteras un fils, et tu l'appelleras du nom de Jésus, il sera grand, et sera appelé Fils du Très-Haut. Le Seigneur lui donnera le trône de David, son père ; il régnera sur la maison de Jacob et son règne n'aura pas de fin » (Lc 1,31-33). Toute autre jeune fille que Marie, en entendant ce message, se serait réjouie à la pensée qu'un avenir de gloire s'offrait à elle et qu'en devenant la mère d'un tel Messie elle connaîtrait elle-même sur cette terre les honneurs, la richesse et la gloire. Marie, elle, n'écoutant que son cœur de pauvre, éclairée par l'Esprit, comprend ce message tout autrement. Si Dieu a choisi son humble servante, ce n'est pas pour la tirer de sa condition obscure; c'est au contraire en raison de sa petitesse et de sa pauvreté. Le Messie sera lui-même le Messie des humbles et des pauvres. Marie entre ainsi de plain-pied dans l'intelligence du Dessein de Dieu: elle épouse, dans la foi, ce Dessein qui la dépasse.

Dieu veut naître à notre humanité dans le dépouillement de toutes nos grandeurs charnelles. Il vient à nous « sans faste, grandeur ni majesté, vêtu comme le pauvre en son humilité ». Inaperçu, méconnu des grands de ce monde, il vient dans la grandeur qui lui est propre: dans l'éclat de son Règne qui est celui de son Amour. Aux yeux de son humble servante, c'est lui le Seigneur de la gloire et le Sauveur de son peuple: « Mon âme glorifie le Seigneur, exulte mon esprit en Dieu, mon Sauveur... » (Lc 1,46b-47). Marie se considère elle-même comme sauvée. Sauvée par la grâce de Celui qu'elle accueille.

Et Marie répond à l'annonce de l'Ange : « Je suis la servante du Seigneur ; qu'il m'advienne selon ta parole ! » (Lc 1,38). En cet instant, le Père céleste pouvait se dire : Maintenant entre moi et les hommes, il y a ceci de changé : l'un d'eux est mon Fils bien-aimé. Je lui ai communiqué la plénitude de ma vie divine afin qu'à son tour il la communique à ses semblables, gratuitement et généreusement, et qu'ainsi il devienne « l'aîné d'une multitude de frères ». Tous ensemble ils seront en lui mon unique Fils Bien-aimé.

Ainsi, avec le « fiat » de Marie, le grand dessein d'amour du Père, cette volonté de se communiquer à ses créatures en son Fils, entre dans sa phase décisive. La maternité divine de Marie inaugure la réalisation de ce dessein qui s'accomplira pleinement dans la maternité de l'Église. La maternité de Marie préfigure celle de l'Église ; et elle se prolonge en cette dernière. Marie est « la Vierge devenue l'Église », comme le chantait François d'Assise dans sa *Salutation à la Vierge Marie*. Le mystère de Marie éclaire celui de l'Église ; toutes deux sont lourdes du Christ (*gravida Christi*). Et, comme Marie, l'Église ne peut mettre le Christ au monde que sur des chemins d'humilité et de pauvreté, les seuls où se révèlent les secrets du Royaume et son éclat divin.

Conclusion

Ni les foules qui suivaient Jésus dans l'enthousiasme du moment, ni ses adversaires qui le traitaient d'imposteur et de suppôt de Satan ne sont entrés dans les secrets du Royaume qu'il venait révéler.

Les disciples eux-mêmes qui mettaient en lui une espérance encore trop humaine n'ont commencé à entrevoir la grandeur propre de son Règne qu'à la lumière de l'expérience pascale. Cette grandeur est telle, en effet, qu'elle ne peut être perçue sans une conversion radicale du cœur et du regard.

Quelle est donc cette grandeur divine ? Paradoxalement, c'est à l'heure la plus sombre de la passion du Christ que cette grandeur a brillé en tout son éclat. Il fallait que toutes nos grandeurs humaines, celles de la naissance, de la richesse, du pouvoir, de la science fussent écartées et totalement absentes de la personne de Jésus, pour que se révélât dans sa pureté la grandeur proprement divine de son Règne. Et c'est précisément au moment où elle se dévoilait le plus qu'elle était le plus cachée aux yeux du monde.

Cette grandeur est celle d'un Amour sans limites qui n'a pas reculé devant les humiliations et la mort, et qui en se donnant totalement s'est révélé plus fort que tout, plus fort que la mort elle-même, et créateur d'un homme nouveau, d'un monde nouveau.

Toute autre grandeur était ici inutile. Il n'y a aucune commune mesure entre cette grandeur divine et celles du monde. Elle est d'un autre ordre. « Jésus Christ sans biens et sans aucune production au dehors de science, est dans son ordre de sainteté. Il n'a point donné d'invention, il n'a point régné, mais il a été humble, patient, saint, saint, saint à Dieu, terrible aux démons, sans aucun péché. Oh ! qu'il est venu en grande pompe et en une prodigieuse magnificence, aux yeux du cœur et qui voient la sagesse !... Il eût été inutile à Notre Seigneur Jésus Christ pour éclater en son règne de sainteté de venir en roi ; mais il y est bien venu avec l'éclat de son ordre ! » (Pascal, *Pensées*, Brunschwicg, n° 793).

Cet éclat du Royaume ne brille qu'« aux yeux du cœur et qui voient la sagesse ». On le voit chez les disciples. Dans un premier temps, ils n'ont même pas reconnu Jésus quand il leur est apparu ressuscité. On ne reconnaît le Seigneur dans l'éclat de son Règne qu'en entrant dans son mystère d'amour.

Qu'il s'agisse de Marie de Magdala, des pèlerins d'Emmaüs, des Apôtres et de Thomas lui-même, tous n'ont commencé à reconnaître le Ressuscité dans l'éclat de son Règne qu'à partir du moment où leur cœur s'est mis à battre et à « brûler » en découvrant en Jésus mort et ressuscité la révélation d'un grand mystère d'amour. Expérience bouleversante qui change tout. « Il m'a aimé et s'est livré pour moi », s'écrira Paul de Tarse (Ga 2,20b). Et les pèlerins d'Emmaüs se diront l'un à l'autre : « Notre cœur n'était-il pas tout brûlant, au-dedans de nous, quand il nous parlait en chemin et qu'il nous expliquait les Écritures ? » (Lc 24,32).

C'est avec ce « cœur brûlant » que chacun d'eux a reconnu Jésus ressuscité dans la vérité de son Règne. En s'ouvrant au mystère de son amour, leur cœur a changé, leur regard aussi. Ils sont devenus des hommes nouveaux, voyant toute chose avec un cœur et un regard nouveaux. Ils ont alors découvert la grandeur et la souveraineté du Règne de Dieu dans l'éclat d'un Amour qui les transfigurait et se révélait à eux comme la force créatrice d'une humanité nouvelle, ouverte à une communion sans frontières. « Avec lui [le Christ], vous êtes ressuscités de Dieu parce que vous avez cru en la force qui l'a ressuscité » (Col 2,12).

On ne peut séparer la foi des disciples en la résurrection de Jésus de cette expérience de vie qui les recrée intérieurement et en fait des hommes nouveaux dans une communauté nouvelle : « L'être ancien a disparu, un être nouveau est là » (2 Co 5,17).

Ces hommes, en effet, qui tremblaient de peur et ne pensaient qu'à se cacher, les voici qui se lèvent soudain, comme portés par une force irrésistible et qui se mettent à proclamer publiquement la nouvelle la plus invraisemblable, la plus dangereuse aussi pour eux : « Christ est ressuscité ! Il est vivant, nous l'avons vu. » Ces hommes sont devenus les témoins intrépides de cette résurrection, et cela au mépris de leur vie ; ils la proclament non seulement par la parole, mais également par cette force de résurrection qui s'affirme en eux et en fait des hommes nouveaux. En eux, le Christ ressuscité se révèle notre Résurrection et notre Vie.

Ces hommes nouveaux ne sont pas pour autant des surhommes. Ils restent des hommes avec leur faiblesse et leur fragilité. Il importe de le remarquer si l'on veut bien voir ce qu'est l'expérience pascale. Car c'est précisément en vivant cette situation paradoxale que les disciples entrent dans le mystère de Jésus et deviennent des « petits » du Royaume. Ils participent d'autant plus à la puissance de résurrection de Jésus qu'ils communient à la faiblesse et aux souffrances du Crucifié, dans l'annonce de l'Évangile. Leur faiblesse et leur fragilité deviennent le « lieu » où se déploie la puissance du Ressuscité, le « lieu » d'où s'élève le chant émerveillé des « petits » du Royaume :

> « Éveille-toi, toi qui dors,
> Lève-toi, toi, d'entre les morts,
> Sur toi, le Christ resplendit » (Ep 5,14b).

L'Apôtre Paul a bien décrit cette expérience pascale dans sa deuxième *Lettre aux Corinthiens* : « … Le Dieu qui a dit : Que la lumière brille au milieu des ténèbres, c'est Lui-même qui a brillé dans nos cœurs pour faire resplendir la connaissance de sa gloire qui rayonne sur le visage du Christ. Mais ce trésor, nous le portons dans des poteries d'argile : ainsi il est manifeste que la puissance extraordinaire que nous avons ne vient pas de nous. […] Sans cesse nous portons dans notre corps l'agonie de Jésus, afin que la vie de Jésus soit elle aussi manifestée dans notre corps. Bien que vivants, en effet, nous sommes continuellement livrés à la mort, à cause de Jésus, afin que la vie de Jésus soit, elle aussi, manifestée dans notre existence mortelle » (2 Co 4,7-11). Et Paul de conclure : « Je n'hésiterai pas à mettre mon orgueil dans mes faiblesses afin que la puissance du Christ habite en moi » (2 Co 12,9b).

L'expérience pascale comporte donc deux volets essentiels. Il s'agit de « le connaître, lui, avec la *puissance de sa résurrection* et la *communion à ses souffrances* » (Ph 3,10). C'est en communiant aux souffrances du Christ que se révèle en nous la puissance de sa résurrection. Cette puissance est celle d'un Amour qui nous recrée intérieurement en nous communiquant son élan créateur. Et c'est à la lumière de cet Amour souverain que le disciple découvre le Royaume de Dieu dans sa grandeur propre. Il s'ouvre à ce Royaume en communiant à cet Amour qui est la vie même de Dieu, offerte dans le Fils bien-aimé.

Ainsi se réalise en Jésus le grand dessein d'amour du Père qui, avant même la création du monde, a conçu, dans un débordement d'amour, le projet de se communiquer pleinement à des créatures en son Fils bien-aimé : « Comme toi, Père, dit Jésus, tu es en moi et moi en toi, qu'eux aussi soient un en nous… Je leur ai donné la gloire que tu m'as donnée pour qu'ils soient un comme nous sommes un ; moi en eux et toi en moi… » (Jn 17,21-23a).

Celui qui communie dans la foi au mystère de Jésus mort et ressuscité célèbre avec lui la grande Pâque du monde. Il entre dans la Terre promise. Il voit le monde s'ouvrir dans sa pleine dimension, celle d'un amour sans frontières. Le Royaume de Dieu s'offre à lui dans la communion à cet Amour infini.

En cette communion bienheureuse à la vie même de Dieu, l'être humain trouve tout son épanouissement et toute sa taille. L'image de Dieu en lui, enfin libérée de nos enfermements, resplendit de son éclat originel. L'homme n'est vraiment homme que lorsqu'il participe à la vie de Dieu et non quand il se réfugie dans l'« autosuffisance mortifère » (Michel Stavrou). En Jésus ressuscité, c'est bien notre humanité qui se lève, transfigurée, toute neuve, royale et communiante à la vie de Dieu et à l'immensité de son amour. C'est l'homme « réussi » tel que Dieu l'a voulu, « à son image », en son Fils, avant la chute, avant même la création du monde.

Pour en arriver là, il sera toujours nécessaire que l'homme reconnaisse son impuissance à « réussir » sa vie pleinement par lui-même, par ses seules forces humaines personnelles ou collectives, et qu'il consente à accueillir, dans l'humilité et la foi, son Libérateur et Sauveur. Lui seul peut ouvrir nos cœurs à la lumière de son Royaume.

Les pauvres que Jésus proclame « héritiers » du Royaume de Dieu, selon saint Luc, ce sont les « *Pauvres de Yahvé* », ces hommes et ces femmes qui, démunis de biens et souvent méprisés et opprimés, mettaient leur confiance en Dieu et attendaient de lui seul le Règne de la justice et de la paix, un Règne où tout homme serait reconnu fraternellement dans sa dignité.

Table

Achevé d'imprimer sur les presses de l'imprimerie Corlet

en janvier 2009
N° d'imprimeur : 118706

Dépôt légal : février 2009

Imprimé en France

Composition et mise en pages réalisées par
Sud Compo - 66140 - Canet en Roussillon
147/2009

Pour être informé des publications
des Éditions Desclée de Brouwer
et recevoir notre catalogue,
envoyez vos coordonnées à :

Éditions Desclée de Brouwer
2, Passage de la Boule-Blanche
75012 Paris

Nom : ....
Prénom : ....
Adresse : ....

Code postal : ....
Ville : ....
E-mail : ....
Téléphone : ....
Fax : ....

Je souhaite être informé(e) des publications
des Éditions Desclée de Brouwer